VOCABOLARIO ARABO EGIZIANO
per studio autodidattico

I vocabolari T&P Books si propongono come strumento di aiuto per apprendere, memorizzare e revisionare l'uso di termini stranieri. Il vocabolario contiene oltre 3000 parole di uso comune ordinate per argomenti.

- Il vocabolario contiene le parole più comunemente usate
- È consigliato in aggiunta ad un corso di lingua
- Risponde alle esigenze degli studenti di lingue straniere sia essi principianti o di livello avanzato
- Pratico per un uso quotidiano, per gli esercizi di revisione e di autovalutazione
- Consente di valutare la conoscenza del proprio lessico

Caratteristiche specifiche del vocabolario:

- Le parole sono ordinate secondo il proprio significato e non alfabeticamente
- Le parole sono riportate in tre colonne diverse per facilitare il metodo di revisione e autovalutazione
- I gruppi di parole sono divisi in sottogruppi per facilitare il processo di apprendimento
- Il vocabolario offre una pratica e semplice trascrizione fonetica per ogni termine straniero

Il vocabolario contiene 101 argomenti tra cui:

Concetti di Base, Numeri, Colori, Mesi, Stagioni, Unità di Misura, Abbigliamento e Accessori, Cibo e Alimentazione, Ristorante, Membri della Famiglia, Parenti, Personalità, Sentimenti, Emozioni, Malattie, Città, Visita Turistica, Acquisti, Denaro, Casa, Ufficio, Lavoro d'Ufficio, Import-export, Marketing, Ricerca di un Lavoro, Sport, Istruzione, Computer, Internet, Utensili, Natura, Paesi, Nazionalità e altro ancora ...

INDICE

GUIDA ALLA PRONUNCIA

Alfabeto fonetico T&P	Esempio arabo egiziano	Esempio italiano
[a]	[ṭaffa] طفّى	macchia
[ā]	[eχtār] إختار	scusare
[e]	[setta] ستّة	meno, leggere
[i]	[minā'] ميناء	vittoria
[ī]	[ebrīl] إبريل	scacchi
[o]	[oɣosṭos] أغسطس	notte
[ō]	[ḥalazōn] حلزون	coordinare
[u]	[kalkutta] كلكتا	prugno
[ū]	[gamūs] جاموس	luccio
[b]	[bedāya] بداية	bianco
[d]	[sa'āda] سعادة	doccia
[ḍ]	[waḍ'] وضع	[d] faringale
[ʒ]	[arʒantīn] الأرجنتين	beige
[ẓ]	[ẓahar] ظهر	[z] faringale
[f]	[χafīf] خفيف	ferrovia
[g]	[bahga] بهجة	guerriero
[h]	[ettegāh] إتّجاه	[h] aspirate
[ḥ]	[ḥabb] حبّ	[h] faringale
[y]	[dahaby] ذهبي	New York
[k]	[korsy] كرسي	cometa
[l]	[lammaḥ] لمّح	saluto
[m]	[marṣad] مرصد	mostra
[n]	[ganūb] جنوب	novanta
[p]	[kaputʃino] كابتشينو	pieno
[q]	[wasaq] وثق	cometa
[r]	[roḥe] روح	ritmo, raro
[s]	[soχreya] سخرية	sapere
[ṣ]	[me'ṣam] معصم	[s] faringale
[ʃ]	['aʃā'] عشاء	ruscello
[t]	[tanūb] تنوب	tattica
[ṭ]	[χarīṭa] خريطة	[t] faringale
[θ]	[mamūθ] ماموث	Toscana (dialetto toscano)
[v]	[vietnām] فيتنام	volare
[w]	[wadda'] ودّع	week-end
[χ]	[baχīl] بخيل	[h] dolce
[ɣ]	[etɣadda] إتغدّى	simile gufo, gatto
[z]	[me'za] معزة	rosa

Alfabeto fonetico T&P	Esempio arabo egiziano	Esempio italiano
[ʿ] (ayn)	[sabʿa] سبعة	fricativa faringale sonora
[ʾ] (hamza)	[saʾal] سأل	occlusiva glottidale sorda

ABBREVIAZIONI
usate nel vocabolario

Arabo egiziano. Abbreviazioni

du	-	sostantivo plurale (duale)
f	-	sostantivo femminile
m	-	sostantivo maschile
pl	-	plurale

Italiano. Abbreviazioni

agg	-	aggettivo
anim.	-	animato
avv	-	avverbio
cong	-	congiunzione
ecc.	-	eccetera
f	-	sostantivo femminile
f pl	-	femminile plurale
fem.	-	femminile
form.	-	formale
inanim.	-	inanimato
inform.	-	familiare
m	-	sostantivo maschile
m pl	-	maschile plurale
m, f	-	maschile, femminile
masc.	-	maschile
mil.	-	militare
pl	-	plurale
pron	-	pronome
qc	-	qualcosa
qn	-	qualcuno
sing.	-	singolare
v aus	-	verbo ausiliare
vi	-	verbo intransitivo
vi, vt	-	verbo intransitivo, transitivo
vr	-	verbo riflessivo
vt	-	verbo transitivo

CONCETTI DI BASE

1. Pronomi

io	ana	أنا
tu (masc.)	enta	أنت
tu (fem.)	enty	أنت
lui	howwa	هوّ
lei	hiya	هيّ
noi	eḥna	إحنا
voi	antom	أنتم
loro	hamm	همّ

2. Saluti. Convenevoli

Buongiorno!	assalamu 'alaykum!	السلام عليكم!
Buongiorno! (la mattina)	ṣabāḥ el χeyr!	صباح الخير!
Buon pomeriggio!	neharak sa'īd!	نهارك سعيد!
Buonasera!	masā' el χeyr!	مساء الخير!
salutare (vt)	sallem	سلّم
Ciao! Salve!	ahlan!	أهلاً!
saluto (m)	salām (m)	سلام
salutare (vt)	sallem 'ala	سلّم على
Come sta? Come stai?	ezzayek?	ازّيك؟
Che c'è di nuovo?	aχbārak eyh?	أخبارك ايه؟
Arrivederci!	ma' el salāma!	مع السلامة!
A presto!	aʃūfak orayeb!	أشوفك قريب!
Addio!	ma' el salāma!	مع السلامة!
congedarsi (vr)	wadda'	ودّع
Ciao! (A presto!)	bay bay!	باي باي!
Grazie!	ʃokran!	شكراً!
Grazie mille!	ʃokran geddan!	شكراً جداً!
Prego	el 'afw	العفو
Non c'è di che!	la ʃokr 'ala wāgeb	لا شكر على واجب
Di niente	el 'afw	العفو
Scusa!	'an eznak!	عن إذنك!
Scusi!	ba'd ezn ḥadretak!	بعد إذن حضرتك!
scusare (vt)	'azar	عذر
scusarsi (vr)	e'tazar	أعتذر
Chiedo scusa	ana 'āsef	أنا آسف
Mi perdoni!	ana 'āsef!	أنا آسف!

perdonare (vt)	ʻafa	عفا
per favore	men faḍlak	من فضلك
Non dimentichi!	ma tensāʃ!	ما تنساش!
Certamente!	ṭabʻan!	طبعاً!
Certamente no!	laʼ ṭabʻan!	لأ طبعاً!
D'accordo!	ettafaʼna!	إتّفقنا!
Basta!	kefāya!	كفاية!

3. Domande

Chi?	mīn?	مين؟
Che cosa?	eyh?	ايه؟
Dove? (in che luogo?)	feyn?	فين؟
Dove? (~ vai?)	feyn?	فين؟
Di dove?, Da dove?	meneyn?	منين؟
Quando?	emta	امتى؟
Perché? (per quale scopo?)	ʻaʃān eyh?	عشان ايه؟
Perché? (per quale ragione?)	leyh?	ليه؟
Per che cosa?	l eyh?	لـ ليه؟
Come?	ezāy?	إزاي؟
Che? (~ colore è?)	eyh?	ايه؟
Quale?	ayī?	أيّ؟
A chi?	le mīn?	لمين؟
Di chi?	ʻan mīn?	عن مين؟
Di che cosa?	ʻan eyh?	عن ايه؟
Con chi?	maʻ mīn?	مع مين؟
Quanti?, Quanto?	kām?	كام؟
Di chi?	betāʻet mīn?	بتاعت مين؟

4. Preposizioni

con (tè ~ il latte)	maʻ	مع
senza	men ɣeyr	من غير
a (andare ~ ...)	ela	إلى
di (parlare ~ ...)	ʻan	عن
prima di ...	ʼabl	قبل
di fronte a ...	ʼoddām	قدّام
sotto (avv)	taḥt	تحت
sopra (al di ~)	foʼe	فوق
su (sul tavolo, ecc.)	ʻala	على
da, di (via da ..., fuori di ...)	men	من
di (fatto ~ cartone)	men	من
fra (~ dieci minuti)	baʻd	بعد
attraverso (dall'altra parte)	men ʻala	من على

5. Parole grammaticali. Avverbi. Parte 1

Dove?	feyn?	فين؟
qui (in questo luogo)	hena	هنا
lì (in quel luogo)	henāk	هناك
da qualche parte (essere ~)	fe makānen ma	في مكان ما
da nessuna parte	meʃ fi ayī makān	مش في أيّ مكان
vicino a ...	ganb	جنب
vicino alla finestra	ganb el ʃebbāk	جنب الشبّاك
Dove?	feyn?	فين؟
qui (vieni ~)	hena	هنا
ci (~ vado stasera)	henāk	هناك
da qui	men hena	من هنا
da lì	men henāk	من هناك
vicino, accanto (avv)	ʾarīb	قريب
lontano (avv)	beʿīd	بعيد
vicino (~ a Parigi)	ʿand	عند
vicino (qui ~)	ʾarīb	قريب
non lontano	meʃ beʿīd	مش بعيد
sinistro (agg)	el ʃemāl	الشمال
a sinistra (rimanere ~)	ʿalal ʃemāl	على الشمال
a sinistra (girare ~)	lel ʃemāl	للشمال
destro (agg)	el yemīn	اليمين
a destra (rimanere ~)	ʿalal yemīn	على اليمين
a destra (girare ~)	lel yemīn	لليمين
davanti	ʾoddām	قدّام
anteriore (agg)	amāmy	أمامي
avanti	ela el amām	إلى الأمام
dietro (avv)	waraʾ	وراء
da dietro	men wara	من ورّا
indietro	le wara	لورّا
mezzo (m), centro (m)	wasaṭ (m)	وسط
in mezzo, al centro	fel wasat	في الوسط
di fianco	ʿala ganb	على جنب
dappertutto	fe kol makān	في كل مكان
attorno	ḥawaleyn	حوالين
da dentro	men gowwah	من جوّه
da qualche parte (andare ~)	le ʾayī makān	لأي مكان
dritto (direttamente)	ʿala ṭūl	على طول
indietro	rogūʿ	رجوع
da qualsiasi parte	men ayī makān	من أيّ مكان
da qualche posto (veniamo ~)	men makānen mā	من مكان ما

in primo luogo	awwalan	أوّلاً
in secondo luogo	sāneyan	ثانياً
in terzo luogo	sālesan	ثالثاً
all'improvviso	fag'a	فجأة
all'inizio	fel bedāya	في البداية
per la prima volta	le 'awwel marra	لأوّل مرّة
molto tempo prima di...	'abl ... be modda ṭawīla	قبل... بمدة طويلة
di nuovo	men gedīd	من جديد
per sempre	lel abad	للأبد
mai	abadan	أبداً
ancora	tāny	تاني
adesso	delwa'ty	دلوقتي
spesso (avv)	ketīr	كثير
allora	wa'taha	وقتها
urgentemente	'ala ṭūl	على طول
di solito	'ādatan	عادةً
a proposito, ...	'ala fekra ...	على فكرة...
è possibile	momken	ممكن
probabilmente	momken	ممكن
forse	momken	ممكن
inoltre ...	bel eḍāfa ela ...	بالإضافة إلى...
ecco perché ...	'aʃān keda	عشان كده
nonostante (~ tutto)	bel raɣm men ...	بالرغم من...
grazie a ...	be faḍl ...	بفضل...
che cosa (pron)	elly	إللي
che (cong)	ennu	إنّه
qualcosa (qualsiasi cosa)	ḥāga (f)	حاجة
qualcosa (le serve ~?)	ayī ḥāga (f)	أيّ حاجة
niente	wala ḥāga	ولا حاجة
chi (pron)	elly	إللي
qualcuno (annuire a ~)	ḥadd	حدّ
qualcuno (dipendere da ~)	ḥadd	حدّ
nessuno	wala ḥadd	ولا حدّ
da nessuna parte	meʃ le wala makān	مش لـ ولا مكان
di nessuno	wala ḥadd	ولا حدّ
di qualcuno	le ḥadd	لحدّ
così (era ~ arrabbiato)	geddan	جداً
anche (penso ~ a ...)	kamān	كمان
anche, pure	kamān	كمان

6. Parole grammaticali. Avverbi. Parte 2

Perché?	leyh?	ليه؟
per qualche ragione	le sabeben ma	لسبب ما
perché ...	'aʃān ...	... عشان
per qualche motivo	le hadafen mā	لهدف ما
e (cong)	w	و

o (sì ~ no?)	walla	ولّا
ma (però)	bass	بسّ
per (~ me)	'aʃān	عشان
troppo	ketīr geddan	كتير جدّاً
solo (avv)	bass	بسّ
esattamente	bel ḍabṭ	بالضبط
circa (~ 10 dollari)	naḥw	نحو
approssimativamente	naḥw	نحو
approssimativo (agg)	taqrīby	تقريبي
quasi	ta'rīban	تقريباً
resto	el bā'y (m)	الباقي
ogni (agg)	koll	كلّ
qualsiasi (agg)	ayī	أيّ
molti, molto	ketīr	كتير
molta gente	nās ketīr	ناس كتير
tutto, tutti	koll el nās	كلّ الناس
in cambio di ...	fi moqābel ...	... في مقابل
in cambio	fe moqābel	في مقابل
a mano (fatto ~)	bel yad	باليد
poco probabile	bel kād	بالكاد
probabilmente	momken	ممكن
apposta	bel 'aṣd	بالقصد
per caso	bel ṣodfa	بالصدفة
molto (avv)	'awy	قوّي
per esempio	masalan	مثلاً
fra (~ due)	beyn	بين
fra (~ più di due)	wesṭ	وسط
tanto (quantità)	ketīr	كتير
soprattutto	χāṣṣa	خاصّة

NUMERI. VARIE

7. Numeri cardinali. Parte 1

zero (m)	ṣefr	صفر
uno	wāḥed	واحد
una	waḥda	واحدة
due	etneyn	إتنين
tre	talāta	ثلاثة
quattro	arbaʿa	أربعة
cinque	χamsa	خمسة
sei	setta	ستّة
sette	sabʿa	سبعة
otto	tamanya	ثمانية
nove	tesʿa	تسعة
dieci	ʿaʃara	عشرة
undici	ḥedāʃar	حداشر
dodici	etnāʃar	إتناشر
tredici	talattāʃar	تلاتّاشر
quattordici	arbaʿtāʃer	أربعتاشر
quindici	χamastāʃer	خمستاشر
sedici	settāʃar	ستّاشر
diciassette	sabaʿtāʃar	سبعتاشر
diciotto	tamantāʃar	تمنتاشر
diciannove	tesʿatāʃar	تسعتاشر
venti	ʿeʃrīn	عشرين
ventuno	wāḥed we ʿeʃrīn	واحد وعشرين
ventidue	etneyn we ʿeʃrīn	إتنين وعشرين
ventitre	talāta we ʿeʃrīn	ثلاثة وعشرين
trenta	talatīn	ثلاثين
trentuno	wāḥed we talatīn	واحد وتلاتين
trentadue	etneyn we talatīn	إتنين وتلاتين
trentatre	talāta we talatīn	ثلاثة وثلاثين
quaranta	arbeʿīn	أربعين
quarantuno	wāḥed we arbeʿīn	واحد وأربعين
quarantadue	etneyn we arbeʿīn	إتنين وأربعين
quarantatre	talāta we arbeʿīn	ثلاثة وأربعين
cinquanta	χamsīn	خمسين
cinquantuno	wāḥed we χamsīn	واحد وخمسين
cinquantadue	etneyn we χamsīn	إتنين وخمسين
cinquantatre	talāta we χamsīn	ثلاثة وخمسين
sessanta	settīn	ستّين
sessantuno	wāḥed we settīn	واحد وستّين

sessantadue	etneyn we settīn	إتنين وستّين
sessantatre	talāta we settīn	ثلاثة وستّين
settanta	sab'īn	سبعين
settantuno	wāḥed we sab'īn	واحد وسبعين
settantadue	etneyn we sab'īn	إتنين وسبعين
settantatre	talāta we sab'īn	ثلاثة وسبعين
ottanta	tamanīn	ثمانين
ottantuno	wāḥed we tamanīn	واحد وتمانين
ottantadue	etneyn we tamanīn	إتنين وتمانين
ottantatre	talāta we tamanīn	ثلاثة وثمانين
novanta	tes'īn	تسعين
novantuno	wāḥed we tes'īn	واحد وتسعين
novantadue	etneyn we tes'īn	إتنين وتسعين
novantatre	talāta we tes'īn	ثلاثة وتسعين

8. Numeri cardinali. Parte 2

cento	miya	ميّة
duecento	meteyn	ميتين
trecento	toltomiya	تلتميّة
quattrocento	rob'omiya	ربعميّة
cinquecento	χomsomiya	خمسميّة
seicento	sotomiya	ستميّة
settecento	sob'omiya	سبعميّة
ottocento	tomnome'a	ثمنمئة
novecento	tos'omiya	تسعميّة
mille	alf	ألف
duemila	alfeyn	ألفين
tremila	talat 'ālāf	ثلاث آلاف
diecimila	'aʃaret 'ālāf	عشرة آلاف
centomila	mīt alf	ميت ألف
milione (m)	millyon (m)	مليون
miliardo (m)	millyār (m)	مليار

9. Numeri ordinali

primo	awwel	أوّل
secondo	tāny	ثاني
terzo	tālet	ثالث
quarto	rābe'	رابع
quinto	χāmes	خامس
sesto	sādes	سادس
settimo	sābe'	سابع
ottavo	tāmen	ثامن
nono	tāse'	تاسع
decimo	'āʃer	عاشر

COLORI. UNITÀ DI MISURA

10. Colori

colore (m)	lone (m)	لون
sfumatura (f)	daraget el lōn (m)	درجة اللون
tono (m)	ṣabɣet lōn (f)	صبغة اللون
arcobaleno (m)	qose qozaḥ (m)	قوس قزح
bianco (agg)	abyaḍ	أبيض
nero (agg)	aswad	أسود
grigio (agg)	romādy	رمادي
verde (agg)	aχḍar	أخضر
giallo (agg)	aṣfar	أصفر
rosso (agg)	aḥmar	أحمر
blu (agg)	azra'	أزرق
azzurro (agg)	azra' fāteḥ	أزرق فاتح
rosa (agg)	wardy	وردي
arancione (agg)	bortoqāly	برتقاليّ
violetto (agg)	banaffsegy	بنفّسجي
marrone (agg)	bonny	بنّي
d'oro (agg)	dahaby	ذهبيّ
argenteo (agg)	feḍḍy	فضّي
beige (agg)	bɛ:ʒ	بيج
color crema (agg)	'āgy	عاجيّ
turchese (agg)	fayrūzy	فيروزي
rosso ciliegia (agg)	aḥmar karazy	أحمر كرزي
lilla (agg)	laylaky	ليّلكي
rosso lampone (agg)	qormozy	قرمزي
chiaro (agg)	fāteḥ	فاتح
scuro (agg)	ɣāme'	غامق
vivo, vivido (agg)	zāhy	زاهي
colorato (agg)	melawwen	ملوّن
a colori	melawwen	ملوّن
bianco e nero (agg)	abyaḍ we aswad	أبيض وأسوّد
in tinta unita	sāda	سادة
multicolore (agg)	mota'added el alwān	متعدّد الألوان

11. Unità di misura

peso (m)	wazn (m)	وزن
lunghezza (f)	ṭūl (m)	طول

larghezza (f)	ʻarḍ (m)	عرض
altezza (f)	ertefāʻ (m)	إرتفاع
profondità (f)	ʻomq (m)	عمق
volume (m)	ḥagm (m)	حجم
area (f)	mesāḥa (f)	مساحة
grammo (m)	gram (m)	جرام
milligrammo (m)	milligrām (m)	ملّيغرام
chilogrammo (m)	kilogrām (m)	كيلوغرام
tonnellata (f)	ṭenn (m)	طنّ
libbra (f)	reṭl (m)	رطل
oncia (f)	onṣa (f)	أونصة
metro (m)	metr (m)	متر
millimetro (m)	millimetr (m)	ملّيمتر
centimetro (m)	santimetr (m)	سنتيمتر
chilometro (m)	kilometr (m)	كيلومتر
miglio (m)	mīl (m)	ميل
pollice (m)	boṣa (f)	بوصة
piede (f)	ʼadam (m)	قدم
iarda (f)	yarda (f)	ياردة
metro (m) quadro	metr morabbaʻ (m)	متر مربّع
ettaro (m)	hektār (m)	هكتار
litro (m)	litre (m)	لتر
grado (m)	daraga (f)	درجة
volt (m)	volt (m)	فولت
ampere (m)	ambere (m)	أمبير
cavallo vapore (m)	ḥoṣān (m)	حصان
quantità (f)	kemiya (f)	كميّة
un po' di ...	ʃewayet ...	شويّة...
metà (f)	noṣṣ (m)	نصّ
dozzina (f)	desta (f)	دستة
pezzo (m)	waḥda (f)	وحدة
dimensione (f)	ḥagm (m)	حجم
scala (f) (modello in ~)	meʼyās (m)	مقياس
minimo (agg)	el adna	الأدنى
minore (agg)	el aṣɣar	الأصغر
medio (agg)	motawasseṭ	متوّسط
massimo (agg)	el aqṣa	الأقصى
maggiore (agg)	el akbar	الأكبر

12. Contenitori

barattolo (m) di vetro	barṭamān (m)	برطمان
latta, lattina (f)	kanz (m)	كانز
secchio (m)	gardal (m)	جردل
barile (m), botte (f)	barmīl (m)	برميل
catino (m)	ḥoḍe lel ɣasīl (m)	حوض للغسيل

serbatoio (m) (per liquidi)	xazzān (m)	خزّان
fiaschetta (f)	zamzamiya (f)	زمزميّة
tanica (f)	ʒerken (m)	جركن
cisterna (f)	xazzān (m)	خزّان
tazza (f)	mugg (m)	ماجّ
tazzina (f) (~ di caffé)	fengān (m)	فنجان
piattino (m)	ṭaba' fengān (m)	طبق فنجان
bicchiere (m) (senza stelo)	kobbāya (f)	كوبّاية
calice (m)	kāsa (f)	كاسة
casseruola (f)	ḥalla (f)	حلّة
bottiglia (f)	ezāza (f)	إزازة
collo (m) (~ della bottiglia)	'onq (m)	عنق
caraffa (f)	dawra' zogāgy (m)	دوّرق زجاجي
brocca (f)	ebrī' (m)	إبريق
recipiente (m)	we'ā' (m)	وعاء
vaso (m) di coccio	aṣīṣ (m)	أصيص
vaso (m) di fiori	vāza (f)	فازة
boccetta (f) (~ di profumo)	ezāza (f)	إزازة
fiala (f)	ezāza (f)	إزازة
tubetto (m)	anbūba (f)	أنبوبة
sacco (m) (~ di patate)	kīs (m)	كيس
sacchetto (m) (~ di plastica)	kīs (m)	كيس
pacchetto (m) (~ di sigarette, ecc.)	'elba (f)	علبة
scatola (f) (~ per scarpe)	'elba (f)	علبة
cassa (f) (~ di vino, ecc.)	ṣandū' (m)	صندوق
cesta (f)	salla (f)	سلّة

I VERBI PIÙ IMPORTANTI

13. I verbi più importanti. Parte 1

accorgersi (vr)	lāḥaẓ	لاحظ
afferrare (vt)	mesek	مسك
affittare (dare in affitto)	est'gar	إستأجر
aiutare (vt)	sā'ed	ساعد
amare (qn)	ḥabb	حبّ
andare (camminare)	meʃy	مشى
annotare (vt)	katab	كتب
appartenere (vi)	χaṣṣ	خصّ
aprire (vt)	fataḥ	فتح
arrivare (vi)	weṣel	وصل
aspettare (vt)	estanna	إستنّى
avere (vt)	malak	ملك
avere fame	'āyez 'ākol	عايز آكل
avere fretta	esta'gel	إستعجل
avere paura	χāf	خاف
avere sete	'āyez aʃrab	عايز أشرب
avvertire (vt)	ḥazzar	حذّر
cacciare (vt)	eṣṭād	اصطاد
cadere (vi)	we'e'	وقع
cambiare (vt)	ɣayar	غيّر
capire (vt)	fehem	فهم
cenare (vi)	et'asʃa	إتعشّى
cercare (vt)	dawwar 'ala	دوّر على
cessare (vt)	baṭṭal	بطّل
chiedere (~ aiuto)	estaɣās	إستغاث
chiedere (domandare)	sa'al	سأل
cominciare (vt)	bada'	بدأ
comparare (vt)	qāran	قارن
confondere (vt)	etlaχbaṭ	إتلخبط
conoscere (qn)	'eref	عرف
conservare (vt)	ḥafaẓ	حفظ
consigliare (vt)	naṣaḥ	نصح
contare (calcolare)	'add	عدّ
contare su ...	e'tamad 'ala ...	إعتمد على...
continuare (vt)	wāṣel	واصل
controllare (vt)	et-ḥakkem	إتحكّم
correre (vi)	gery	جري
costare (vt)	kallef	كلّف
creare (vt)	'amal	عمل
cucinare (vi)	ḥaḍḍar	حضّر

14. I verbi più importanti. Parte 2

dare (vt)	edda	إدّى
dare un suggerimento	edda lamḥa	إدّى لمحة
decorare (adornare)	zayen	زيّن
difendere (~ un paese)	dāfaʿ	دافع
dimenticare (vt)	nesy	نسي
dire (~ la verità)	ʾāl	قال
dirigere (compagnia, ecc.)	adār	أدار
discutere (vt)	nāʾeʃ	ناقش
domandare (vt)	ṭalab	طلب
dubitare (vi)	ʃakk fe	شكّ في
entrare (vi)	daχal	دخل
esigere (vt)	ṭāleb	طالب
esistere (vi)	kān mawgūd	كان موّجود
essere (vi)	kān	كان
essere d'accordo	ettafaʾ	إتّفق
fare (vt)	ʿamal	عمل
fare colazione	feṭer	فطر
fare il bagno	sebeḥ	سبح
fermarsi (vr)	waʾʾaf	وقّف
fidarsi (vr)	wasaq	وثق
finire (vt)	χallaṣ	خلّص
firmare (~ un documento)	waqqaʿ	وقّع
giocare (vi)	leʿeb	لعب
girare (~ a destra)	ḥād	حاد
gridare (vi)	ṣarraχ	صرّخ
indovinare (vt)	χammen	خمّن
informare (vt)	ʾāl ly	قال لي
ingannare (vt)	χadaʿ	خدع
insistere (vi)	aṣarr	أصرّ
insultare (vt)	ahān	أهان
interessarsi di ...	ehtamm be	إهتمّ بـ
invitare (vt)	ʿazam	عزم
lamentarsi (vr)	ʃaka	شكا
lasciar cadere	waʾʾaʿ	وقّع
lavorare (vi)	eʃtaɣal	إشتغل
leggere (vi, vt)	ʾara	قرأ
liberare (vt)	ḥarrar	حرّر

15. I verbi più importanti. Parte 3

mancare le lezioni	ɣāb	غاب
mandare (vt)	arsal	أرسل
menzionare (vt)	zakar	ذكر
minacciare (vt)	hadded	هدّد

mostrare (vt)	warra	ورّى
nascondere (vt)	χabba	خبّأ
nuotare (vi)	'ām	عام
obiettare (vt)	e'tarad̩	إعترض
occorrere (vimp)	mat̩lūb	مطلوب
ordinare (~ il pranzo)	t̩alab	طلب
ordinare (mil.)	amar	أمر
osservare (vt)	rāqab	راقب
pagare (vi, vt)	dafa'	دفع
parlare (vi, vt)	kallem	كلّم
partecipare (vi)	ʃārek	شارك
pensare (vi, vt)	fakkar	فكّر
perdonare (vt)	'afa	عفا
permettere (vt)	samaḥ	سمح
piacere (vi)	'agab	عجب
piangere (vi)	baka	بكى
pianificare (vt)	χat̩t̩et̩	خطّط
possedere (vt)	malak	ملك
potere (v aus)	'eder	قدر
pranzare (vi)	etɣadda	إتغدّى
preferire (vt)	fad̩d̩al	فضّل
pregare (vi, vt)	s̩alla	صلّى
prendere (vt)	aχad	أخد
prevedere (vt)	tanabba'	تنبّأ
promettere (vt)	wa'ad	وعد
pronunciare (vt)	nat̩a'	نطق
proporre (vt)	'arad̩	عرض
punire (vt)	'āqab	عاقب
raccomandare (vt)	nas̩aḥ	نصح
ridere (vi)	d̩eḥek	ضحك
rifiutarsi (vr)	rafad̩	رفض
rincrescere (vi)	nedem	ندم
ripetere (ridire)	karrar	كرّر
riservare (vt)	ḥagaz	حجز
rispondere (vi, vt)	gāwab	جاوب
rompere (spaccare)	kasar	كسر
rubare (~ i soldi)	sara'	سرق

16. I verbi più importanti. Parte 4

salvare (~ la vita a qn)	anqaz	أنقذ
sapere (vt)	'eref	عرف
sbagliare (vi)	ɣelet̩	غلط
scavare (vt)	ḥafar	حفر
scegliere (vt)	eχtār	إختار
scendere (vi)	nezel	نزل
scherzare (vi)	hazzar	هزّر

scrivere (vt)	katab	كتب
scusarsi (vr)	e'tazar	إعتذر
sedersi (vr)	'a'ad	قعد
seguire (vt)	tatabba'	تتبّع
sgridare (vt)	wabbeχ	وبّخ
significare (vt)	'aṣad	قصد
sorridere (vi)	ebtasam	إبتسم
sottovalutare (vt)	estaχaff	إستخفّ
sparare (vi)	ḍarab bel nār	ضرب بالنار
sperare (vi, vt)	tamanna	تمنّى
spiegare (vt)	ʃaraḥ	شرح
studiare (vt)	daras	درس
stupirsi (vr)	etfāge'	إتفاجئ
tacere (vi)	seket	سكت
tentare (vt)	ḥāwel	حاول
toccare (~ con le mani)	lamas	لمس
tradurre (vt)	targem	ترجم
trovare (vt)	la'a	لقى
uccidere (vt)	'atal	قتل
udire (percepire suoni)	seme'	سمع
unire (vt)	waḥḥed	وحّد
uscire (vi)	χarag	خرج
vantarsi (vr)	tabāha	تباهى
vedere (vt)	ʃāf	شاف
vendere (vt)	bā'	باع
volare (vi)	ṭār	طار
volere (desiderare)	'āyez	عايز

ORARIO. CALENDARIO

17. Giorni della settimana

lunedì (m)	el etneyn (m)	الإتنين
martedì (m)	el talāt (m)	التلات
mercoledì (m)	el arbe'ā' (m)	الأربعاء
giovedì (m)	el χamīs (m)	الخميس
venerdì (m)	el gom'a (m)	الجمعة
sabato (m)	el sabt (m)	السبت
domenica (f)	el aḥad (m)	الأحد
oggi (avv)	el naharda	النهارده
domani	bokra	بكرة
dopodomani	ba'd bokra (m)	بعد بكرة
ieri (avv)	embāreḥ	امبارح
l'altro ieri	awwel embāreḥ	أوّل امبارح
giorno (m)	yome (m)	يوم
giorno (m) lavorativo	yome 'amal (m)	يوم عمل
giorno (m) festivo	agāza rasmiya (f)	أجازة رسميّة
giorno (m) di riposo	yome el agāza (m)	يوم أجازة
fine (m) settimana	nehāyet el osbū' (f)	نهاية الأسبوع
tutto il giorno	ṭūl el yome	طول اليوم
l'indomani	fel yome elly ba'dīh	في اليوم اللي بعديه
due giorni fa	men yomeyn	من يومين
il giorno prima	fel yome elly 'ablo	في اليوم اللي قبله
quotidiano (agg)	yawmy	يومي
ogni giorno	yawmiyan	يومياً
settimana (f)	osbū' (m)	أسبوع
la settimana scorsa	el esbū' elly fāt	الأسبوع اللي فات
la settimana prossima	el esbū' elly gayī	الأسبوع اللي جاي
settimanale (agg)	osbū'y	أسبوعي
ogni settimana	osbū'iyan	أسبوعياً
due volte alla settimana	marreteyn fel osbū'	مرّتين في الأسبوع
ogni martedì	koll solasā'	كلّ ثلاثاء

18. Ore. Giorno e notte

mattina (f)	ṣobḥ (m)	صبح
di mattina	fel ṣobḥ	في الصبح
mezzogiorno (m)	ẓohr (m)	ظهر
nel pomeriggio	ba'd el ḍohr	بعد الظهر
sera (f)	leyl (m)	ليل
di sera	bel leyl	بالليل

notte (f)	leyl (m)	ليل
di notte	bel leyl	بالليل
mezzanotte (f)	noṣṣ el leyl (m)	نصّ الليل
secondo (m)	sanya (f)	ثانية
minuto (m)	deʔīʔa (f)	دقيقة
ora (f)	sāʿa (f)	ساعة
mezzora (f)	noṣṣ sāʿa (m)	نصّ ساعة
un quarto d'ora	robʿ sāʿa (f)	ربع ساعة
quindici minuti	χamastāʃer deʔīʔa	خمستاشر دقيقة
ventiquattro ore	arbaʿa we ʿeʃrīn sāʿa	أربعة وعشرين ساعة
levata (f) del sole	ʃorūʾ el ʃams (m)	شروق الشمس
alba (f)	fagr (m)	فجر
mattutino (m)	ṣobḥ badry (m)	صبح بدري
tramonto (m)	ɣorūb el ʃams (m)	غروب الشمس
di buon mattino	el ṣobḥ badry	الصبح بدري
stamattina	el naharda el ṣobḥ	النهاردة الصبح
domattina	bokra el ṣobḥ	بكرة الصبح
oggi pomeriggio	el naharda baʿd el ḍohr	النهاردة بعد الظهر
nel pomeriggio	baʿd el ḍohr	بعد الظهر
domani pomeriggio	bokra baʿd el ḍohr	بكرة بعد الظهر
stasera	el naharda bel leyl	النهاردة بالليل
domani sera	bokra bel leyl	بكرة بالليل
alle tre precise	es sāʿa talāta bel ḍabṭ	الساعة تلاتة بالضبط
verso le quattro	es sāʿa arbaʿa taʔrīban	الساعة أربعة تقريبا
per le dodici	ḥatt es sāʿa etnāʃar	حتى الساعة إتناشر
fra venti minuti	fe χelāl ʿeʃrīn deʿeeʿa	في خلال عشرين دقيقة
fra un'ora	fe χelāl sāʿa	في خلال ساعة
puntualmente	fe mawʿedo	في موعده
un quarto di ...	ella robʿ	إلّا ربع
entro un'ora	χelāl sāʿa	خلال ساعة
ogni quindici minuti	koll robʿ sāʿa	كلّ ربع ساعة
giorno e notte	leyl nahār	ليل نهار

19. Mesi. Stagioni

gennaio (m)	yanāyer (m)	يناير
febbraio (m)	febrāyer (m)	فبراير
marzo (m)	māres (m)	مارس
aprile (m)	ebrīl (m)	إبريل
maggio (m)	māyo (m)	مايو
giugno (m)	yonyo (m)	يونيو
luglio (m)	yolyo (m)	يوليو
agosto (m)	oɣosṭos (m)	أغسطس
settembre (m)	sebtamber (m)	سبتمبر
ottobre (m)	oktober (m)	أكتوبر
novembre (m)	november (m)	نوفمبر

dicembre (m)	desember (m)	ديسمبر
primavera (f)	rabee' (m)	ربيع
in primavera	fel rabee'	في الربيع
primaverile (agg)	rabee'y	ربيعي
estate (f)	ṣeyf (m)	صيف
in estate	fel ṣeyf	في الصيف
estivo (agg)	ṣeyfy	صيفي
autunno (m)	χarīf (m)	خريف
in autunno	fel χarīf	في الخريف
autunnale (agg)	χarīfy	خريفي
inverno (m)	ʃetā' (m)	شتاء
in inverno	fel ʃetā'	في الشتاء
invernale (agg)	ʃetwy	شتوّي
mese (m)	ʃahr (m)	شهر
questo mese	fel ʃahr da	في الشهر ده
il mese prossimo	el ʃahr el gayī	الشهر الجايّ
il mese scorso	el ʃahr elly fāt	الشهر اللي فات
un mese fa	men ʃahr	من شهر
fra un mese	ba'd ʃahr	بعد شهر
fra due mesi	ba'd ʃahreyn	بعد شهرين
un mese intero	el ʃahr kollo	الشهر كلّه
per tutto il mese	ṭawāl el ʃahr	طوال الشهر
mensile (rivista ~)	ʃahry	شهري
mensilmente	ʃahry	شهري
ogni mese	koll ʃahr	كلّ شهر
due volte al mese	marreteyn fel ʃahr	مرّتين في الشهر
anno (m)	sana (f)	سنة
quest'anno	el sana di	السنة دي
l'anno prossimo	el sana el gaya	السنة الجايّة
l'anno scorso	el sana elly fātet	السنة اللي فاتت
un anno fa	men sana	من سنة
fra un anno	ba'd sana	بعد سنة
fra due anni	ba'd sanateyn	بعد سنتين
un anno intero	el sana kollaha	السنة كلّها
per tutto l'anno	ṭūl el sana	طول السنة
ogni anno	koll sana	كلّ سنة
annuale (agg)	sanawy	سنوّي
annualmente	koll sana	كلّ سنة
quattro volte all'anno	arba' marrāt fel sana	أربع مرات في السنة
data (f) (~ di oggi)	tarīχ (m)	تاريخ
data (f) (~ di nascita)	tarīχ (m)	تاريخ
calendario (m)	natīga (f)	نتيجة
mezz'anno (m)	noṣṣ sana	نصّ سنة
semestre (m)	settet aʃ-hor (f)	ستّة أشهر
stagione (f) (estate, ecc.)	faṣl (m)	فصل
secolo (m)	qarn (m)	قرن

VIAGGIO. HOTEL

20. Escursione. Viaggio

turismo (m)	seyāḥa (f)	سياحة
turista (m)	sā'eḥ (m)	سائح
viaggio (m) (all'estero)	reḥla (f)	رحلة
avventura (f)	moɣamra (f)	مغامرة
viaggio (m) (corto)	reḥla (f)	رحلة
vacanza (f)	agāza (f)	أجازة
essere in vacanza	kān fi agāza	كان في أجازة
riposo (m)	estrāḥa (f)	إستراحة
treno (m)	qeṭār, 'aṭṭr (m)	قطار
in treno	bel qeṭār - bel aṭṭr	بالقطار
aereo (m)	ṭayāra (f)	طيّارة
in aereo	bel ṭayāra	بالطيّارة
in macchina	bel sayāra	بالسيّارة
in nave	bel safīna	بالسفينة
bagaglio (m)	el ʃonaṭ (pl)	الشنط
valigia (f)	ʃanṭa (f)	شنطة
carrello (m)	'arabet ʃonaṭ (f)	عربة شنط
passaporto (m)	basbore (m)	باسبور
visto (m)	ta'ʃīra (f)	تأشيرة
biglietto (m)	tazkara (f)	تذكرة
biglietto (m) aereo	tazkara ṭayarān (f)	تذكرة طيران
guida (f)	dalīl (m)	دليل
carta (f) geografica	χarīṭa (f)	خريطة
località (f)	mante'a (f)	منطقة
luogo (m)	makān (m)	مكان
ogetti (m pl) esotici	ɣarāba (f)	غرابة
esotico (agg)	ɣarīb	غريب
sorprendente (agg)	mod-heʃ	مدهش
gruppo (m)	magmū'a (f)	مجموعة
escursione (f)	gawla (f)	جولة
guida (f) (cicerone)	morʃed (m)	مرشد

21. Hotel

albergo (m)	fondo' (m)	فندق
motel (m)	motel (m)	موتيل
tre stelle	talat nogūm	ثلاث نجوم

cinque stelle	χamas nogūm	خمس نجوم
alloggiare (vi)	nezel	نزل
camera (f)	oḍa (f)	أوضة
camera (f) singola	owḍa le ʃaχṣ wāḥed (f)	أوضة لشخص واحد
camera (f) doppia	oḍa le ʃaχṣeyn (f)	أوضة لشخصين
prenotare una camera	ḥagaz owḍa	حجز أوضة
mezza pensione (f)	wagbeteyn fel yome (du)	وجبتين في اليوم
pensione (f) completa	talat wagabāt fel yome	ثلاث وجبات في اليوم
con bagno	bel banyo	بـ البانيو
con doccia	bel doʃ	بالدوش
televisione (f) satellitare	televizion be qanawāt faḍā'iya (m)	تليفزيون بقنوات فضائية
condizionatore (m)	takyīf (m)	تكييف
asciugamano (m)	fūṭa (f)	فوطة
chiave (f)	meftāḥ (m)	مفتاح
amministratore (m)	modīr (m)	مدير
cameriera (f)	'āmela tandīf ɣoraf (f)	عاملة تنظيف غرف
portabagagli (m)	ʃayāl (m)	شيّال
portiere (m)	bawwāb (m)	بوّاب
ristorante (m)	maṭ'am (m)	مطعم
bar (m)	bār (m)	بار
colazione (f)	foṭūr (m)	فطور
cena (f)	'aʃā' (m)	عشاء
buffet (m)	bofeyh (m)	بوفيه
hall (f) (atrio d'ingresso)	rad-ha (f)	ردهة
ascensore (m)	asanseyr (m)	اسانسير
NON DISTURBARE	nargu 'adam el ez'āg	نرجو عدم الإزعاج
VIETATO FUMARE!	mamnū' el tadχīn	ممنوع التدخين

22. Visita turistica

monumento (m)	temsāl (m)	تمثال
fortezza (f)	'al'a (f)	قلعة
palazzo (m)	'aṣr (m)	قصر
castello (m)	'al'a (f)	قلعة
torre (f)	borg (m)	برج
mausoleo (m)	ḍarīḥ (m)	ضريح
architettura (f)	handasa me'māriya (f)	هندسة معمارية
medievale (agg)	men el qorūn el wosṭa	من القرون الوسطى
antico (agg)	'atīq	عتيق
nazionale (agg)	waṭany	وطني
famoso (agg)	maʃ-hūr	مشهور
turista (m)	sā'eḥ (m)	سائح
guida (f)	morʃed (m)	مرشد
escursione (f)	gawla (f)	جولة

fare vedere	warra	ورّى
raccontare (vt)	ʾāl	قال
trovare (vt)	laʾa	لقى
perdersi (vr)	ḍāʿ	ضاع
mappa (f) (~ della metropolitana)	χarīṭa (f)	خريطة
piantina (f) (~ della città)	χarīṭa (f)	خريطة
souvenir (m)	tezkār (m)	تذكار
negozio (m) di articoli da regalo	maḥal hadāya (m)	محل هدايا
fare foto	ṣawwar	صوّر
fotografarsi	etṣawwar	إتصوّر

MEZZI DI TRASPORTO

23. Aeroporto

aeroporto (m)	maṭār (m)	مطار
aereo (m)	ṭayāra (f)	طيّارة
compagnia (f) aerea	ʃerket ṭayarān (f)	شركة طيران
controllore (m) di volo	marākeb el ḥaraka el gawiya (m)	مراكب الحركة الجويّة
partenza (f)	moɣadra (f)	مغادرة
arrivo (m)	woṣūl (m)	وصول
arrivare (vi)	weṣel	وصل
ora (f) di partenza	wa'ʼt el moɣadra (m)	وقت المغادرة
ora (f) di arrivo	wa'ʼt el woṣūl (m)	وقت الوصول
essere ritardato	ta'akχar	تأخّر
volo (m) ritardato	ta'aχor el reḥla (m)	تأخّر الرحلة
tabellone (m) orari	lawḥet el maʿlomāt (f)	لوحة المعلومات
informazione (f)	esteʿlamāt (pl)	إستعلامات
annunciare (vt)	aʿlan	أعلن
volo (m)	reḥlet ṭayarān (f)	رحلة طيران
dogana (f)	gamārek (pl)	جمارك
doganiere (m)	mowazzaf el gamārek (m)	موظّف الجمارك
dichiarazione (f)	taṣrīḥ gomroky (m)	تصريح جمركي
riempire (~ una dichiarazione)	mala	ملا
riempire una dichiarazione	mala el taṣrīḥ	ملأ التصريح
controllo (m) passaporti	taftīʃ el gawazāt (m)	تفتيش الجوازات
bagaglio (m)	el ʃonaṭ (pl)	الشنط
bagaglio (m) a mano	ʃonaṭ el yad (pl)	شنط اليد
carrello (m)	ʿarabet ʃonaṭ (f)	عربة شنط
atterraggio (m)	hobūṭ (m)	هبوط
pista (f) di atterraggio	mamarr el hobūṭ (m)	ممرّ الهبوط
atterrare (vi)	habaṭ	هبط
scaletta (f) dell'aereo	sellem el ṭayāra (m)	سلّم الطيّارة
check-in (m)	tasgīl (m)	تسجيل
banco (m) del check-in	makān tasgīl (m)	مكان تسجيل
fare il check-in	saggel	سجّل
carta (f) d'imbarco	beṭāqet el rokūb (f)	بطاقة الركوب
porta (f) d'imbarco	bawwābet el moɣadra (f)	بوّابة المغادرة
transito (m)	tranzīt (m)	ترانزيت
aspettare (vt)	estanna	إستنّى

sala (f) d'attesa	ṣālet el moɣadra (f)	صالة المغادرة
accompagnare (vt)	wadda‘	ودّع
congedarsi (vr)	wadda‘	ودّع

24. Aeroplano

aereo (m)	ṭayāra (f)	طيّارة
biglietto (m) aereo	tazkara ṭayarān (f)	تذكرة طيران
compagnia (f) aerea	ʃerket ṭayarān (f)	شركة طيران
aeroporto (m)	maṭār (m)	مطار
supersonico (agg)	χāreq lel ṣote	خارق للصوت
comandante (m)	kabten (m)	كابتن
equipaggio (m)	ṭa’m (m)	طقم
pilota (m)	ṭayār (m)	طيّار
hostess (f)	moḍīfet ṭayarān (f)	مضيفة طيران
navigatore (m)	mallāḥ (m)	ملّاح
ali (f pl)	agneḥa (pl)	أجنحة
coda (f)	deyl (m)	ذيل
cabina (f)	kabīna (f)	كابينة
motore (m)	motore (m)	موتور
carrello (m) d'atterraggio	‘agalāt el hobūṭ (pl)	عجلات الهبوط
turbina (f)	torbīna (f)	توربينة
elica (f)	marwaḥa (f)	مروّحة
scatola (f) nera	mosaggel el ṭayarān (m)	مسجّل الطيران
barra (f) di comando	moqawwed el ṭayāra (m)	مقوّد الطيّارة
combustibile (m)	woqūd (m)	وقود
safety card (f)	beṭā’et el salāma (f)	بطاقة السلامة
maschera (f) ad ossigeno	mask el oksyʒīn (m)	ماسك الاوكسيجين
uniforme (f)	zayī muwaḥḥad (m)	زيّ موحّد
giubbotto (m) di salvataggio	sotret nagah (f)	سترة نجاة
paracadute (m)	baraʃot (m)	باراشوت
decollo (m)	eqlā‘ (m)	إقلاع
decollare (vi)	aqla‘et	أقلعت
pista (f) di decollo	modarrag el ṭa’erāṭ (m)	مدرّج الطائرات
visibilità (f)	ro’ya (f)	رؤية
volo (m)	ṭayarān (m)	طيران
altitudine (f)	ertefā‘ (m)	إرتفاع
vuoto (m) d'aria	geyb hawā’y (m)	جيب هوائي
posto (m)	meq‘ad (m)	مقعد
cuffia (f)	samma‘āt ra’siya (pl)	سمّاعات رأسية
tavolinetto (m) pieghevole	ṣeniya qabela lel ṭayī (f)	صينية قابلة للطيّ
oblò (m), finestrino (m)	ʃebbāk el ṭayāra (m)	شبّاك الطيّارة
corridoio (m)	mamarr (m)	ممرّ

25. Treno

treno (m)	qeṭār, 'aṭṭr (m)	قطار
elettrotreno (m)	qeṭār rokkāb (m)	قطار ركّاب
treno (m) rapido	qeṭār saree' (m)	قطار سريع
locomotiva (f) diesel	qāṭeret dīzel (f)	قاطرة ديزل
locomotiva (f) a vapore	qāṭera boχariya (f)	قاطرة بخاريّة
carrozza (f)	'araba (f)	عربة
vagone (m) ristorante	'arabet el ṭa'ām (f)	عربة الطعام
rotaie (f pl)	qoḍbān (pl)	قضبان
ferrovia (f)	sekka ḥadīdiya (f)	سكّة حديديّة
traversa (f)	'āreḍa sekket ḥadīd (f)	عارضة سكّة الحديد
banchina (f) (~ ferroviaria)	raṣīf (m)	رصيف
binario (m) (~ 1, 2)	χaṭṭ (m)	خطّ
semaforo (m)	semafore (m)	سيمافور
stazione (f)	maḥaṭṭa (f)	محطّة
macchinista (m)	sawwā' (m)	سوّاق
portabagagli (m)	ʃayāl (m)	شيّال
cuccettista (m, f)	mas'ūl 'arabet el qeṭār (m)	مسؤول عربة القطار
passeggero (m)	rākeb (m)	راكب
controllore (m)	kamsary (m)	كمسري
corridoio (m)	mamarr (m)	ممرّ
freno (m) di emergenza	farāmel el ṭawāre' (pl)	فرامل الطوارئ
scompartimento (m)	ɣorfa (f)	غرفة
cuccetta (f)	serīr (m)	سرير
cuccetta (f) superiore	serīr 'olwy (m)	سرير علويّ
cuccetta (f) inferiore	serīr sofly (m)	سرير سفلي
biancheria (f) da letto	aɣṭeyet el serīr (pl)	أغطية السرير
biglietto (m)	tazkara (f)	تذكرة
orario (m)	gadwal (m)	جدوّل
tabellone (m) orari	lawḥet ma'lomāt (f)	لوحة معلومات
partire (vi)	ɣādar	غادر
partenza (f)	moɣadra (f)	مغادرة
arrivare (di un treno)	weṣel	وصل
arrivo (m)	woṣūl (m)	وصول
arrivare con il treno	weṣel bel qeṭār	وصل بالقطار
salire sul treno	rekeb el qeṭār	ركب القطار
scendere dal treno	nezel men el qeṭār	نزل من القطار
deragliamento (m)	ḥeṭām qeṭār (m)	حطام قطار
deragliare (vi)	χarag 'an χaṭṭ sīru	خرج عن خطّ سيره
locomotiva (f) a vapore	qāṭera boχariya (f)	قاطرة بخاريّة
fuochista (m)	'atʃagy (m)	عطشجي
forno (m)	forn el moḥarrek (m)	فرن المحرّك
carbone (m)	faḥm (m)	فحم

26. Nave

nave (f)	safīna (f)	سفينة
imbarcazione (f)	safīna (f)	سفينة
piroscafo (m)	baχera (f)	باخرة
barca (f) fluviale	baχera nahriya (f)	باخرة نهرية
transatlantico (m)	safīna seyaḥiya (f)	سفينة سياحيّة
incrociatore (m)	ṭarrād safīna baḥariya (m)	طرّاد سفينة بحريّة
yacht (m)	yaχt (m)	يخت
rimorchiatore (m)	qāṭera baḥariya (f)	قاطرة بحريّة
chiatta (f)	ṣandal (m)	صندل
traghetto (m)	ʿabbāra (f)	عبّارة
veliero (m)	safīna ʃeraʿiya (m)	سفينة شراعيّة
brigantino (m)	markeb ʃerāʿy (m)	مركب شراعي
rompighiaccio (m)	moḥaṭṭemet galīd (f)	محطّمة جليد
sottomarino (m)	ɣawwāṣa (f)	غوّاصة
barca (f)	markeb (m)	مركب
scialuppa (f)	zawraʾ (m)	زورق
scialuppa (f) di salvataggio	qāreb nagah (m)	قارب نجاة
motoscafo (m)	lunʃ (m)	لنش
capitano (m)	ʾobṭān (m)	قبطان
marittimo (m)	baḥḥār (m)	بحّار
marinaio (m)	baḥḥār (m)	بحّار
equipaggio (m)	ṭāqem (m)	طاقم
nostromo (m)	rabbān (m)	ربّان
mozzo (m) di nave	ṣaby el safīna (m)	صبي السفينة
cuoco (m)	ṭabbāχ (m)	طبّاخ
medico (m) di bordo	ṭabīb el safīna (m)	طبيب السفينة
ponte (m)	saṭ-ḥ el safīna (m)	سطح السفينة
albero (m)	sāreya (f)	سارية
vela (f)	ʃerāʿ (m)	شراع
stiva (f)	ʿanbar (m)	عنبر
prua (f)	moʾaddema (m)	مقدّمة
poppa (f)	moʾaχeret el safīna (f)	مؤخّرة السفينة
remo (m)	megdāf (m)	مجداف
elica (f)	marwaḥa (f)	مروحة
cabina (f)	kabīna (f)	كابينة
quadrato (m) degli ufficiali	ɣorfet el ṭaʿām wel rāḥa (f)	غرفة الطعام والراحة
sala (f) macchine	qesm el ʾālāt (m)	قسم الآلات
ponte (m) di comando	borg el qeyāda (m)	برج القيادة
cabina (f) radiotelegrafica	ɣorfet el lāselky (f)	غرفة اللاسلكي
onda (f)	mouga (f)	موجة
giornale (m) di bordo	segel el safīna (m)	سجل السفينة
cannocchiale (m)	monzār (m)	منظار
campana (f)	garas (m)	جرس

bandiera (f)	'alam (m)	علم
cavo (m) (~ d'ormeggio)	ḥabl (m)	حبل
nodo (m)	'o'da (f)	عقدة
ringhiera (f)	drabzīn saṭ-ḥ el safīna (m)	درابزين سطح السفينة
passerella (f)	sellem (m)	سلّم
ancora (f)	marsāh (f)	مرساة
levare l'ancora	rafa' morsah	رفع مرساة
gettare l'ancora	rasa	رسا
catena (f) dell'ancora	selselet morsah (f)	سلسلة مرساة
porto (m)	minā' (m)	ميناء
banchina (f)	marsa (m)	مرسى
ormeggiarsi (vr)	rasa	رسا
salpare (vi)	aqla'	أقلع
viaggio (m)	reḥla (f)	رحلة
crociera (f)	reḥla baḥariya (f)	رحلة بحريّة
rotta (f)	masār (m)	مسار
itinerario (m)	ṭarī' (m)	طريق
tratto (m) navigabile	magra melāḥy (m)	مجرى ملاحيّ
secca (f)	meyāh ḍaḥla (f)	مياه ضحلة
arenarsi (vr)	ganaḥ	جنح
tempesta (f)	'āṣefa (f)	عاصفة
segnale (m)	eʃara (f)	إشارة
affondare (andare a fondo)	ɣere'	غرق
Uomo in mare!	sa'aṭ rāgil min el sefīna!	سقط راجل من السفينة!
SOS	nedā' eɣāsa (m)	نداء إغاثة
salvagente (m) anulare	ṭo'e nagah (m)	طوق نجاة

CITTÀ

27. Mezzi pubblici in città

autobus (m)	buṣ (m)	باص
tram (m)	trām (m)	ترام
filobus (m)	trolly buṣ (m)	ترولي باص
itinerario (m)	χaṭṭ (m)	خطّ
numero (m)	raqam (m)	رقم
andare in ...	rāḥ be ...	راح بـ ...
salire (~ sull'autobus)	rekeb	ركب
scendere da ...	nezel men	نزل من
fermata (f) (~ dell'autobus)	maw'af (m)	موّقف
prossima fermata (f)	el maḥaṭṭa el gaya (f)	المحطة الجايّة
capolinea (m)	'āχer maw'af (m)	آخر موقف
orario (m)	gadwal (m)	جدوّل
aspettare (vt)	estanna	إستنّى
biglietto (m)	tazkara (f)	تذكرة
prezzo (m) del biglietto	ogra (f)	أجرة
cassiere (m)	kaʃier (m)	كاشيير
controllo (m) dei biglietti	taftīʃ el tazāker (m)	تفتيش التذاكر
bigliettaio (m)	mofatteʃ tazāker (m)	مفتّش تذاكر
essere in ritardo	met'akχer	متأخّر
perdere (~ il treno)	ta'akχar	تأخّر
avere fretta	mesta'gel	مستعجل
taxi (m)	taksi (m)	تاكسي
taxista (m)	sawwā' taksi (m)	سوّاق تاكسي
in taxi	bel taksi	بالتاكسي
parcheggio (m) di taxi	maw'ef taksi (m)	موّقف تاكسي
chiamare un taxi	kallem taksi	كلّم تاكسي
prendere un taxi	aχad taksi	أخد تاكسي
traffico (m)	ḥaraket el morūr (f)	حركة المرور
ingorgo (m)	zaḥmet el morūr (f)	زحمة المرور
ore (f pl) di punta	sā'et el zorwa (f)	ساعة الذروة
parcheggiarsi (vr)	rakan	ركن
parcheggiare (vt)	rakan	ركن
parcheggio (m)	maw'ef el 'arabeyāt (m)	موقف العربيات
metropolitana (f)	metro (m)	مترو
stazione (f)	maḥaṭṭa (f)	محطّة
prendere la metropolitana	aχad el metro	أخد المترو
treno (m)	qeṭār, 'aṭr (m)	قطار
stazione (f) ferroviaria	maḥaṭṭet qeṭār (f)	محطّة قطار

28. Città. Vita di città

città (f)	madīna (f)	مدينة
capitale (f)	'āṣema (f)	عاصمة
villaggio (m)	qarya (f)	قرية
mappa (f) della città	xarīṭet el madinah (f)	خريطة المدينة
centro (m) della città	wesṭ el balad (m)	وسط البلد
sobborgo (m)	ḍāḥeya (f)	ضاحية
suburbano (agg)	el ḍawāḥy	الضواحي
periferia (f)	aṭrāf el madīna (pl)	أطراف المدينة
dintorni (m pl)	ḍawāḥy el madīna (pl)	ضواحي المدينة
isolato (m)	ḥayī (m)	حي
quartiere residenziale	ḥayī sakany (m)	حي سكني
traffico (m)	ḥaraket el morūr (f)	حركة المرور
semaforo (m)	eʃārāt el morūr (pl)	إشارات المرور
trasporti (m pl) urbani	wasā'el el na'l (pl)	وسائل النقل
incrocio (m)	taqāṭo' (m)	تقاطع
passaggio (m) pedonale	ma'bar (m)	معبر
sottopassaggio (m)	nafa' moʃāh (m)	نفق مشاه
attraversare (vt)	'abar	عبر
pedone (m)	māʃy (m)	ماشي
marciapiede (m)	raṣīf (m)	رصيف
ponte (m)	kobry (m)	كبري
banchina (f)	korneyʃ (m)	كورنيش
fontana (f)	nafūra (f)	نافورة
vialetto (m)	mamʃa (m)	ممشى
parco (m)	ḥadīqa (f)	حديقة
boulevard (m)	bolvār (m)	بولفار
piazza (f)	medān (m)	ميدان
viale (m), corso (m)	ʃāre' (m)	شارع
via (f), strada (f)	ʃāre' (m)	شارع
vicolo (m)	zo'ā' (m)	زقاق
vicolo (m) cieco	ṭarī' masdūd (m)	طريق مسدود
casa (f)	beyt (m)	بيت
edificio (m)	mabna (m)	مبنى
grattacielo (m)	nāṭeḥet sahāb (f)	ناطحة سحاب
facciata (f)	waɣa (f)	واجهة
tetto (m)	sa'f (m)	سقف
finestra (f)	ʃebbāk (m)	شبّاك
arco (m)	qose (m)	قوس
colonna (f)	'amūd (m)	عمود
angolo (m)	zawya (f)	زاوية
vetrina (f)	vatrīna (f)	فترينة
insegna (f) (di negozi, ecc.)	yafṭa, lāfeta (f)	لافتة, يافطة
cartellone (m)	boster (m)	بوستر
cartellone (m) pubblicitario	boster e'lān (m)	بوستر إعلان

tabellone (m) pubblicitario	lawḥet e'lanāt (f)	لوحة إعلانات
pattume (m), spazzatura (f)	zebāla (f)	زبالة
pattumiera (f)	ṣandū' zebāla (m)	صندوق زبالة
sporcare (vi)	rama zebāla	رمى زبالة
discarica (f) di rifiuti	mazbala (f)	مزبلة
cabina (f) telefonica	koʃk telefōn (m)	كشك تليفون
lampione (m)	'amūd nūr (m)	عمود نور
panchina (f)	korsy (m)	كرسي
poliziotto (m)	ʃorṭy (m)	شرطي
polizia (f)	ʃorṭa (f)	شرطة
mendicante (m)	ʃaḥḥāt (m)	شحّات
barbone (m)	motaʃarred (m)	متشرّد

29. Servizi cittadini

negozio (m)	maḥal (m)	محل
farmacia (f)	ṣaydaliya (f)	صيدليّة
ottica (f)	maḥal naḍḍārāt (m)	محل نضّارات
centro (m) commerciale	mole (m)	مول
supermercato (m)	subermarket (m)	سوبرماركت
panetteria (f)	maχbaz (m)	مخبز
fornaio (m)	χabbāz (m)	خبّاز
pasticceria (f)	ḥalawāny (m)	حلواني
drogheria (f)	ba''āla (f)	بقّالة
macelleria (f)	gezāra (f)	جزارة
fruttivendolo (m)	dokkān χoḍār (m)	دكّان خضار
mercato (m)	sū' (f)	سوق
caffè (m)	'ahwa (f), kaféih (m)	قهوة, كافيه
ristorante (m)	maṭ'am (m)	مطعم
birreria (f), pub (m)	bār (m)	بار
pizzeria (f)	maḥal pizza (m)	محل بيتزا
salone (m) di parrucchiere	ṣalone ḥelā'a (m)	صالون حلاقة
ufficio (m) postale	maktab el barīd (m)	مكتب البريد
lavanderia (f) a secco	dray klīn (m)	دراي كلين
studio (m) fotografico	estudio taṣwīr (m)	إستوديو تصوير
negozio (m) di scarpe	maḥal gezam (m)	محل جزم
libreria (f)	maḥal kotob (m)	محل كتب
negozio (m) sportivo	maḥal mostalzamāt reyaḍiya (m)	محل مستلزمات رياضية
riparazione (f) di abiti	maḥal χeyāṭet malābes (m)	محل خياطة ملابس
noleggio (m) di abiti	ta'gīr malābes rasmiya (m)	تأجير ملابس رسمية
noleggio (m) di film	maḥal ta'gīr video (m)	محل تأجير فيديو
circo (m)	serk (m)	سيرك
zoo (m)	ḥadīqet el ḥayawān (f)	حديقة حيوان
cinema (m)	sinema (f)	سينما

museo (m)	mat-ḥaf (m)	متحف
biblioteca (f)	maktaba (f)	مكتبة
teatro (m)	masraḥ (m)	مسرح
teatro (m) dell'opera	obra (f)	أوبرا
locale notturno (m)	malha leyly (m)	ملهى ليّلي
casinò (m)	kazino (m)	كازينو
moschea (f)	masged (m)	مسجد
sinagoga (f)	kenīs (m)	كنيس
cattedrale (f)	katedra'iya (f)	كاتدرائية
tempio (m)	ma'bad (m)	معبد
chiesa (f)	kenīsa (f)	كنيسة
istituto (m)	kolliya (m)	كلّية
università (f)	gam'a (f)	جامعة
scuola (f)	madrasa (f)	مدرسة
prefettura (f)	moqaṭ'a (f)	مقاطعة
municipio (m)	baladiya (f)	بلديّة
albergo, hotel (m)	fondo' (m)	فندق
banca (f)	bank (m)	بنك
ambasciata (f)	safāra (f)	سفارة
agenzia (f) di viaggi	ʃerket seyāḥa (f)	شركة سياحة
ufficio (m) informazioni	maktab el este'lāmāt (m)	مكتب الإستعلامات
ufficio (m) dei cambi	ṣarrāfa (f)	صرّافة
metropolitana (f)	metro (m)	مترو
ospedale (m)	mostaʃfa (m)	مستشفى
distributore (m) di benzina	maḥaṭṭet banzīn (f)	محطّة بنزين
parcheggio (m)	maw'ef el 'arabeyāt (m)	موقف العربيات

30. Cartelli

insegna (f) (di negozi, ecc.)	yafṭa, lāfeta (f)	لافتة, يافطة
iscrizione (f)	bayān (m)	بيان
cartellone (m)	boster (m)	بوستر
segnale (m) di direzione	'alāmet (f)	علامة إتجاه
freccia (f)	'alāmet eʃāra (f)	علامة إشارة
avvertimento (m)	taḥzīr (m)	تحذير
avviso (m)	lāfetat taḥzīr (f)	لافتة تحذير
avvertire, avvisare (vt)	ḥazzar	حذّر
giorno (m) di riposo	yome 'oṭla (m)	يوم عطلة
orario (m)	gadwal (m)	جدوّل
orario (m) di apertura	aw'āt el 'amal (pl)	أوقات العمل
BENVENUTI!	ahlan w sahlan!	أهلاً وسهلا!
ENTRATA	doχūl	دخول
USCITA	χorūg	خروج
SPINGERE	edfa'	إدفع

TIRARE	es-ḥab	إسحب
APERTO	maftūḥ	مفتوح
CHIUSO	moɣlaq	مغلق
DONNE	lel sayedāt	للسيدات
UOMINI	lel regāl	للرجال
SCONTI	χoṣomāt	خصومات
SALDI	taχfeḍāt	تخفيضات
NOVITÀ!	gedīd!	جديد!
GRATIS	maggānan	مجّاناً
ATTENZIONE!	entebāh!	إنتباه!
COMPLETO	koll el amāken maḥgūza	كلّ الأماكن محجوزة
RISERVATO	maḥgūz	محجوز
AMMINISTRAZIONE	edāra	إدارة
RISERVATO AL PERSONALE	lel ʿamelīn faqaṭ	للعاملين فقط
ATTENTI AL CANE	eḥzar wogūd kalb	إحذر وجود الكلب
VIETATO FUMARE!	mamnūʿ el tadχīn	ممنوع التدخين
NON TOCCARE	ʿadam el lams	عدم اللمس
PERICOLOSO	χaṭīr	خطير
PERICOLO	χaṭar	خطر
ALTA TENSIONE	tayār ʿāly	تيّار عالي
DIVIETO DI BALNEAZIONE	el sebāḥa mamnūʿa	السباحة ممنوعة
GUASTO	moʿaṭṭal	معطّل
INFIAMMABILE	sareeʿ el eʃteʿāl	سريع الإشتعال
VIETATO	mamnūʿ	ممنوع
VIETATO L'INGRESSO	mamnūʿ el morūr	ممنوع المرور
VERNICE FRESCA	eḥzar ṭelāʾ ɣayr gāf	احذر طلاء غير جاف

31. Acquisti

comprare (vt)	eʃtara	إشترى
acquisto (m)	ḥāga (f)	حاجة
fare acquisti	eʃtara	إشترى
shopping (m)	ʃobbing (m)	شوبينج
essere aperto (negozio)	maftūḥ	مفتوح
essere chiuso	moɣlaq	مغلق
calzature (f pl)	gezam (pl)	جزم
abbigliamento (m)	malābes (pl)	ملابس
cosmetica (f)	mawād tagmīl (pl)	مواد تجميل
alimentari (m pl)	akl (m)	أكل
regalo (m)	hediya (f)	هديّة
commesso (m)	bayāʿ (m)	بيّاع
commessa (f)	bayāʿa (f)	بيّاعة
cassa (f)	ṣandūʾ el dafʿ (m)	صندوق الدفع

specchio (m)	merāya (f)	مراية
banco (m)	manḍada (f)	منضدة
camerino (m)	ɣorfet el 'eyās (f)	غرفة القياس
provare (~ un vestito)	garrab	جرّب
stare bene (vestito)	nāseb	ناسب
piacere (vi)	'agab	عجب
prezzo (m)	se'r (m)	سعر
etichetta (f) del prezzo	tiket el se'r (m)	تيكت السعر
costare (vt)	kallef	كلّف
Quanto?	bekām?	بكام؟
sconto (m)	χaṣm (m)	خصم
no muy caro (agg)	meʃ ɣāly	مش غالي
a buon mercato	reχīṣ	رخيص
caro (agg)	ɣāly	غالي
È caro	da ɣāly	ده غالي
noleggio (m)	este'gār (m)	إستئجار
noleggiare (~ un abito)	est'gar	إستأجر
credito (m)	e'temān (m)	إئتمان
a credito	bel ta'seeṭ	بالتقسيط

ABBIGLIAMENTO E ACCESSORI

32. Indumenti. Soprabiti

vestiti (m pl)	malābes (pl)	ملابس
soprabito (m)	malābes fo'aniya (pl)	ملابس فوقانيّة
abiti (m pl) invernali	malābes ʃetwiya (pl)	ملابس شتويّة
cappotto (m)	balṭo (m)	بالطو
pelliccia (f)	balṭo farww (m)	بالطو فروّ
pellicciotto (m)	ʒaket farww (m)	جاكيت فروّ
piumino (m)	balṭo maḥʃy rīʃ (m)	بالطو محشي ريش
giubbotto (m), giaccha (f)	ʒæket (m)	جاكيت
impermeabile (m)	ʒæket lel maṭar (m)	جاكيت للمطر
impermeabile (agg)	wāqy men el maya	واقي من الميّة

33. Abbigliamento uomo e donna

camicia (f)	'amīṣ (m)	قميص
pantaloni (m pl)	banṭalone (f)	بنطلون
jeans (m pl)	ʒeans (m)	جينز
giacca (f) (~ di tweed)	ʒæket (f)	جاكت
abito (m) da uomo	badla (f)	بدلة
abito (m)	fostān (m)	فستان
gonna (f)	ʒība (f)	جيبة
camicetta (f)	bloza (f)	بلوزة
giacca (f) a maglia	kardigan (m)	كارديجن
giacca (f) tailleur	ʒæket (m)	جاكيت
maglietta (f)	ti ʃirt (m)	تي شيرت
pantaloni (m pl) corti	ʃort (m)	شورت
tuta (f) sportiva	treneng (m)	ترينينج
accappatoio (m)	robe el ḥammām (m)	روب حمّام
pigiama (m)	beʒāma (f)	بيجاما
maglione (m)	blover (f)	بلوفر
pullover (m)	blover (m)	بلوفر
gilè (m)	vest (m)	فيست
frac (m)	badlet sahra ṭawīla (f)	بدلة سهرة طويلة
smoking (m)	badla (f)	بدلة
uniforme (f)	zayī muwaḥḥad (m)	زيّ موحّد
tuta (f) da lavoro	lebs el ʃoɣl (m)	لبس الشغل
salopette (f)	overall (m)	اوفر اول
camice (m) (~ del dottore)	balṭo (m)	بالطو

34. Abbigliamento. Biancheria intima

biancheria (f) intima	malābes dāχeliya (pl)	ملابس داخلية
boxer (m pl)	sirwāl dāχly rigāly (m)	سروال داخلي رجالي
mutandina (f)	sirwāl dāχly nisā'y (m)	سروال داخلي نسائي
maglietta (f) intima	fanella (f)	فانلّا
calzini (m pl)	ʃarāb (m)	شراب
camicia (f) da notte	'amīṣ nome (m)	قميص نوم
reggiseno (m)	setyāna (f)	ستيانة
calzini (m pl) alti	ʃarabāt ṭawīla (pl)	شرابات طويلة
collant (m)	klone (m)	كلون
calze (f pl)	gawāreb (pl)	جوارب
costume (m) da bagno	mayo (m)	مايّوه

35. Copricapo

cappello (m)	ṭa'iya (f)	طاقيّة
cappello (m) di feltro	borneyṭa (f)	برنيطة
cappello (m) da baseball	base bāl kāb (m)	بيس بول كاب
coppola (f)	ṭa'iya mosaṭṭaḥa (f)	طاقيّة مسطحة
basco (m)	bereyh (m)	بيريه
cappuccio (m)	ɣaṭa' (f)	غطاء
panama (m)	qobba'et banama (f)	قبّعة بناما
berretto (m) a maglia	ays kāb (m)	آيس كاب
fazzoletto (m) da capo	eʃarb (m)	إيشارب
cappellino (m) donna	borneyṭa (f)	برنيطة
casco (m) (~ di sicurezza)	χawza (f)	خوذة
bustina (f)	kāb (m)	كاب
casco (m) (~ moto)	χawza (f)	خوذة
bombetta (f)	qobba'a (f)	قبّعة
cilindro (m)	qobba'a rasmiya (f)	قبّعة رسمية

36. Calzature

calzature (f pl)	gezam (pl)	جزم
stivaletti (m pl)	gazma (f)	جزمة
scarpe (f pl)	gazma (f)	جزمة
stivali (m pl)	būt (m)	بوت
pantofole (f pl)	ʃebʃeb (m)	شبشب
scarpe (f pl) da tennis	kotʃy tennis (m)	كوتشي تنس
scarpe (f pl) da ginnastica	kotʃy (m)	كوتشي
sandali (m pl)	ṣandal (pl)	صندل
calzolaio (m)	eskāfy (m)	إسكافي
tacco (m)	ka'b (m)	كعب

paio (m)	goze (m)	جوز
laccio (m)	ʃerīʼṭ (m)	شريط
allacciare (vt)	rabaṭ	ربط
calzascarpe (m)	labbāsa el gazma (f)	لبّاسة الجزمة
lucido (m) per le scarpe	warnīʃ el gazma (m)	ورنيش الجزمة

37. Accessori personali

guanti (m pl)	gwanty (m)	جوانتي
manopole (f pl)	gwanty men ɣeyr aṣābeʻ (m)	جوانتي من غير أصابع
sciarpa (f)	skarf (m)	سكارف
occhiali (m pl)	naḍḍāra (f)	نظّارة
montatura (f)	eṭār (m)	إطار
ombrello (m)	ʃamsiya (f)	شمسيّة
bastone (m)	ʻaṣāya (f)	عصاية
spazzola (f) per capelli	forʃet ʃaʻr (f)	فرشة شعر
ventaglio (m)	marwaḥa (f)	مروّحة
cravatta (f)	karavetta (f)	كرافتة
cravatta (f) a farfalla	bebyona (m)	بيبيونة
bretelle (f pl)	ḥammala (f)	حمّالة
fazzoletto (m)	mandīl (m)	منديل
pettine (m)	meʃṭ (m)	مشط
fermaglio (m)	dabbūs (m)	دبّوس
forcina (f)	bensa (m)	بنسة
fibbia (f)	bokla (f)	بكلة
cintura (f)	ḥezām (m)	حزام
spallina (f)	ḥammalet el ketf (f)	حمّالة الكتف
borsa (f)	ʃanṭa (f)	شنطة
borsetta (f)	ʃanṭet yad (f)	شنطة يد
zaino (m)	ʃanṭet ḍahr (f)	شنطة ظهر

38. Abbigliamento. Varie

moda (f)	mūḍa (f)	موضة
di moda	fel moḍa	في الموضة
stilista (m)	moṣammem azyāʼ (m)	مصمّم أزياء
collo (m)	yāʼa (f)	ياقة
tasca (f)	geyb (m)	جيب
tascabile (agg)	geyb	جيب
manica (f)	komm (m)	كمّ
asola (f) per appendere	ʻelāqa (f)	علّاقة
patta (f) (~ dei pantaloni)	lesān (m)	لسان
cerniera (f) lampo	sosta (f)	سوستة
chiusura (f)	maʃbak (m)	مشبك
bottone (m)	zerr (m)	زرّ

occhiello (m)	'arwa (f)	عروة
staccarsi (un bottone)	we'e'	وقع
cucire (vi, vt)	χayaṭ	خيّط
ricamare (vi, vt)	ṭarraz	طرّز
ricamo (m)	taṭrīz (m)	تطريز
ago (m)	ebra (f)	إبرة
filo (m)	χeyṭ (m)	خيط
cucitura (f)	derz (m)	درز
sporcarsi (vr)	ettwassaχ	إتّوسّخ
macchia (f)	bo''a (f)	بقعة
sgualcirsi (vr)	takarmaʃ	تكرمش
strappare (vt)	'aṭa'	قطع
tarma (f)	'etta (f)	عثّة

39. Cura della persona. Cosmetici

dentifricio (m)	ma'gūn asnān (m)	معجون أسنان
spazzolino (m) da denti	forʃet senān (f)	فرشة أسنان
lavarsi i denti	naḍḍaf el asnān	نظّف الأسنان
rasoio (m)	mūs (m)	موس
crema (f) da barba	krīm ḥelā'a (m)	كريم حلاقة
rasarsi (vr)	ḥala'	حلق
sapone (m)	ṣabūn (m)	صابون
shampoo (m)	ʃambū (m)	شامبو
forbici (f pl)	ma'aṣ (m)	مقص
limetta (f)	mabrad (m)	مبرد
tagliaunghie (m)	mel'aṭ (m)	ملقط
pinzette (f pl)	mel'aṭ (m)	ملقط
cosmetica (f)	mawād tagmīl (pl)	مواد تجميل
maschera (f) di bellezza	mask (m)	ماسك
manicure (m)	monekīr (m)	مونيكير
fare la manicure	'amal monikīr	عمل مونيكير
pedicure (m)	badikīr (m)	باديكير
borsa (f) del trucco	ʃanṭet mekyāʒ (f)	شنطة مكياج
cipria (f)	bodret weʃ (f)	بودرة وش
portacipria (m)	'elbet bodra (f)	علبة بودرة
fard (m)	aḥmar χodūd (m)	أحمر خدود
profumo (m)	barfān (m)	بارفان
acqua (f) da toeletta	kolonya (f)	كولونيا
lozione (f)	loʃion (m)	لوشن
acqua (f) di Colonia	kolonya (f)	كولونيا
ombretto (m)	eyeʃadow (m)	ايّ شادو
eyeliner (m)	koḥl (m)	كحل
mascara (m)	maskara (f)	ماسكارا
rossetto (m)	rūʒ (m)	روج

smalto (m)	monekīr (m)	مونيكير
lacca (f) per capelli	mosabbet el ʃaʿr (m)	مثبّت الشعر
deodorante (m)	mozīl ʿaraʾ (m)	مزيل عرق
crema (f)	krīm (m)	كريم
crema (f) per il viso	krīm lel weʃ (m)	كريم للوش
crema (f) per le mani	krīm eyd (m)	كريم أيد
crema (f) antirughe	krīm moḍād lel tagaʿīd (m)	كريم مضاد للتجاعيد
crema (f) da giorno	krīm en nahār (m)	كريم النهار
crema (f) da notte	krīm el leyl (m)	كريم الليل
da giorno	nahāry	نهاري
da notte	layly	ليْلي
tampone (m)	tambon (m)	تانبون
carta (f) igienica	waraʾ twalet (m)	ورق تواليت
fon (m)	seʃwār (m)	سشوار

40. Orologi da polso. Orologio

orologio (m) (~ da polso)	sāʿa (f)	ساعة
quadrante (m)	wag-h el sāʿa (m)	وجه الساعة
lancetta (f)	ʿaʾrab el sāʿa (m)	عقرب الساعة
braccialetto (m)	ʃerīṭ sāʿa maʿdaniya (m)	شريط ساعة معدنية
cinturino (m)	ʃerīṭ el sāʿa (m)	شريط الساعة
pila (f)	baṭṭariya (f)	بطّاريّة
essere scarico	χelṣet	خلصت
cambiare la pila	ɣayar el baṭṭariya	غيّر البطّاريّة
andare avanti	sabaʾ	سبق
andare indietro	taʾakχar	تأخّر
orologio (m) da muro	sāʿet ḥeyṭa (f)	ساعة حيطة
clessidra (f)	sāʿa ramliya (f)	ساعة رمليّة
orologio (m) solare	sāʿa ʃamsiya (f)	ساعة شمسيّة
sveglia (f)	monabbeh (m)	منبّه
orologiaio (m)	saʿāty (m)	ساعاتي
riparare (vt)	ṣallaḥ	صلّح

L'ESPERIENZA QUOTIDIANA

41. Denaro

soldi (m pl)	folūs (pl)	فلوس
cambio (m)	taḥwīl 'omla (m)	تحويل عملة
corso (m) di cambio	se'r el ṣarf (m)	سعر الصرف
bancomat (m)	makinet ṣarrāf 'āly (f)	ماكينة صرّاف آلي
moneta (f)	'erʃ (m)	قرش
dollaro (m)	dolār (m)	دولار
euro (m)	yoro (m)	يورو
lira (f)	lira (f)	ليرة
marco (m)	el mark el almāny (m)	المارك الألماني
franco (m)	frank (m)	فرنك
sterlina (f)	geneyh esterlīny (m)	جنيه استرليني
yen (m)	yen (m)	ين
debito (m)	deyn (m)	دين
debitore (m)	modīn (m)	مدين
prestare (~ i soldi)	sallef	سلّف
prendere in prestito	estalaf	إستلف
banca (f)	bank (m)	بنك
conto (m)	ḥesāb (m)	حساب
versare (vt)	awda'	أودع
versare sul conto	awda' fel ḥesāb	أوّدع في الحساب
prelevare dal conto	saḥab men el ḥesāb	سحب من الحساب
carta (f) di credito	kredit kard (f)	كريدت كارد
contanti (m pl)	kæʃ (m)	كاش
assegno (m)	ʃīk (m)	شيك
emettere un assegno	katab ʃīk	كتب شيك
libretto (m) di assegni	daftar ʃikāt (m)	دفتر شيكات
portafoglio (m)	maḥfaẓa (f)	محفظة
borsellino (m)	maḥfazet fakka (f)	محفظة فكّة
cassaforte (f)	χazzāna (f)	خزّانة
erede (m)	wāres (m)	وارث
eredità (f)	werāsa (f)	وراثة
fortuna (f)	sarwa (f)	ثروّة
affitto (m), locazione (f)	'a'd el egār (m)	عقد الإيجار
canone (m) d'affitto	ogret el sakan (f)	أجرة السكن
affittare (dare in affitto)	est'gar	إستأجر
prezzo (m)	se'r (m)	سعر
costo (m)	taman (m)	ثمن

somma (f)	mablaɣ (m)	مبلغ
spendere (vt)	ṣaraf	صرف
spese (f pl)	maṣarīf (pl)	مصاريف
economizzare (vi, vt)	waffar	وفّر
economico (agg)	mowaffer	موّفر
pagare (vi, vt)	dafaʿ	دفع
pagamento (m)	dafʿ (m)	دفع
resto (m) (dare il ~)	el bā'y (m)	الباقي
imposta (f)	ḍarība (f)	ضريبة
multa (f), ammenda (f)	ɣarāma (f)	غرامة
multare (vt)	faraḍ ɣarāma	فرض غرامة

42. Posta. Servizio postale

ufficio (m) postale	maktab el barīd (m)	مكتب البريد
posta (f) (lettere, ecc.)	el barīd (m)	البريد
postino (m)	sāʿy el barīd (m)	ساعي البريد
orario (m) di apertura	aw'āt el ʿamal (pl)	أوقات العمل
lettera (f)	resāla (f)	رسالة
raccomandata (f)	resāla mosaggala (f)	رسالة مسجّلة
cartolina (f)	kart barīdy (m)	كرت بريدي
telegramma (m)	barqiya (f)	برقيّة
pacco (m) postale	ṭard (m)	طرد
vaglia (m) postale	ḥewāla māliya (f)	حوالة مالية
ricevere (vt)	estalam	إستلم
spedire (vt)	arsal	أرسل
invio (m)	ersāl (m)	إرسال
indirizzo (m)	ʿenwān (m)	عنوان
codice (m) postale	raqam el barīd (m)	رقم البريد
mittente (m)	morsel (m)	مرسل
destinatario (m)	morsel elayh (m)	مرسل إليه
nome (m)	esm (m)	اسم
cognome (m)	esm el ʿa'ela (m)	اسم العائلة
tariffa (f)	taʿrīfa (f)	تعريفة
ordinario (agg)	ʿādy	عادي
standard (agg)	mowaffer	موّفر
peso (m)	wazn (m)	وزن
pesare (vt)	wazan	وزن
busta (f)	ẓarf (m)	ظرف
francobollo (m)	ṭābeʿ (m)	طابع
affrancare (vt)	alṣaq ṭābeʿ	ألصق طابع

43. Attività bancaria

banca (f)	bank (m)	بنك
filiale (f)	farʿ (m)	فرع

consulente (m)	mowazzaf bank (m)	موظّف بنك
direttore (m)	modīr (m)	مدير
conto (m) bancario	ḥesāb bank (m)	حساب بنك
numero (m) del conto	raqam el ḥesāb (m)	رقم الحساب
conto (m) corrente	ḥesāb gāry (m)	حساب جاري
conto (m) di risparmio	ḥesāb tawfīr (m)	حساب توّفير
aprire un conto	fataḥ ḥesāb	فتح حساب
chiudere il conto	'afal ḥesāb	قفل حساب
versare sul conto	awda' fel ḥesāb	أودع في الحساب
prelevare dal conto	saḥab men el ḥesāb	سحب من الحساب
deposito (m)	wadee'a (f)	وديعة
depositare (vt)	awda'	أودع
trasferimento (m) telegrafico	ḥewāla maṣrefiya (f)	حوالة مصرفيّة
rimettere i soldi	ḥawwel	حوّل
somma (f)	mablaɣ (m)	مبلغ
Quanto?	kām?	كام؟
firma (f)	tawqee' (m)	توقيع
firmare (vt)	waqqa'	وقّع
carta (f) di credito	kredit kard (f)	كريدت كارد
codice (m)	kōd (m)	كود
numero (m) della carta di credito	raqam el kredit kard (m)	رقم الكريدت كارد
bancomat (m)	makinet ṣarrāf 'āly (f)	ماكينة صرّاف آلي
assegno (m)	ʃīk (m)	شيك
emettere un assegno	katab ʃīk	كتب شيك
libretto (m) di assegni	daftar ʃikāt (m)	دفتر شيكات
prestito (m)	qarḍ (m)	قرض
fare domanda per un prestito	'addem ṭalab 'ala qarḍ	قدّم طلب على قرض
ottenere un prestito	ḥaṣal 'ala qarḍ	حصل على قرض
concedere un prestito	edda qarḍ	ادّى قرض
garanzia (f)	ḍamān (m)	ضمان

44. Telefono. Conversazione telefonica

telefono (m)	telefon (m)	تليفون
telefonino (m)	mobile (m)	موبايل
segreteria (f) telefonica	gehāz radd 'alal mokalmāt (m)	جهاز ردّ على المكالمات
telefonare (vi, vt)	ettaṣal	إتّصل
chiamata (f)	mokalma telefoniya (f)	مكالمة تليفونية
comporre un numero	ettaṣal be raqam	إتّصل برقم
Pronto!	alo!	ألو!
chiedere (domandare)	sa'al	سأل
rispondere (vi, vt)	radd	ردّ
udire (vt)	seme'	سمع

bene	kewayes	كويّس
male	meʃ kowayīs	مش كويّس
disturbi (m pl)	taʃwīʃ (m)	تشويش
cornetta (f)	sammā'a (f)	سمّاعة
alzare la cornetta	rafa' el sammā'a	رفع السمّاعة
riattaccare la cornetta	'afal el sammā'a	قفل السمّاعة
occupato (agg)	maʃɣūl	مشغول
squillare (del telefono)	rann	رنّ
elenco (m) telefonico	dalīl el telefone (m)	دليل التليفون
locale (agg)	maḥalliyya	ة محلّيّ
telefonata (f) urbana	mokalma maḥalliya (f)	مكالمة محلّيّة
interurbano (agg)	bi'īd	بعيد
telefonata (f) interurbana	mokalma bi'īda (f)	مكالمة بعيدة المدى
internazionale (agg)	dowly	دوّلي
telefonata (f) internazionale	mokalma dowliya (f)	مكالمة دوليّة

45. Telefono cellulare

telefonino (m)	mobile (m)	موبايل
schermo (m)	'arḍ (m)	عرض
tasto (m)	zerr (m)	زرّ
scheda SIM (f)	sim kard (m)	سيم كارد
pila (f)	baṭṭariya (f)	بطّاريّة
essere scarico	χelṣet	خلصت
caricabatteria (m)	ʃāḥen (m)	شاحن
menù (m)	qā'ema (f)	قائمة
impostazioni (f pl)	awḍā' (pl)	أوضاع
melodia (f)	naɣama (f)	نغمة
scegliere (vt)	eχtār	إختار
calcolatrice (f)	'āla ḥasba (f)	آلة حاسبة
segreteria (f) telefonica	barīd ṣawty (m)	بريد صوتي
sveglia (f)	monabbeh (m)	منبّه
contatti (m pl)	gehāt el etteṣāl (pl)	جهات الإتّصال
messaggio (m) SMS	resāla 'aṣīra ɛsɛmɛs (f)	sms رسالة قصيرة
abbonato (m)	moʃtarek (m)	مشترك

46. Articoli di cancelleria

penna (f) a sfera	'alam gāf (m)	قلم جاف
penna (f) stilografica	'alam rīʃa (m)	قلم ريشة
matita (f)	'alam roṣāṣ (m)	قلم رصاص
evidenziatore (m)	markar (m)	ماركر
pennarello (m)	'alam fulumaster (m)	قلم فلوماستر
taccuino (m)	mozakkera (f)	مذكّرة

agenda (f)	gadwal el a'māl (m)	جدول الأعمال
righello (m)	masṭara (f)	مسطرة
calcolatrice (f)	'āla ḥasba (f)	آلة حاسبة
gomma (f) per cancellare	astīka (f)	استيكة
puntina (f)	dabbūs (m)	دبّوس
graffetta (f)	dabbūs wara' (m)	دبّوس ورق
colla (f)	ṣamɣ (m)	صمغ
pinzatrice (f)	dabbāsa (f)	دبّاسة
perforatrice (f)	χarrāma (m)	خرّامة
temperamatite (m)	barrāya (f)	برّاية

47. Lingue straniere

lingua (f)	loɣa (f)	لغة
straniero (agg)	agnaby	أجنبيّ
lingua (f) straniera	loɣa agnabiya (f)	لغة أجنبية
studiare (vt)	daras	درس
imparare (una lingua)	ta'allam	تعلّم
leggere (vi, vt)	'ara	قرأ
parlare (vi, vt)	kallem	كلّم
capire (vt)	fehem	فهم
scrivere (vi, vt)	katab	كتب
rapidamente	bosor'a	بسرعة
lentamente	bo boṭ'	ببطء
correntemente	beṭalāqa	بطلاقة
regole (f pl)	qawā'ed (pl)	قواعد
grammatica (f)	el naḥw wel ṣarf (m)	النحو والصرف
lessico (m)	mofradāt el loɣa (pl)	مفردات اللغة
fonetica (f)	ṣawtīāt (pl)	صوتيات
manuale (m)	ketāb ta'līm (m)	كتاب تعليم
dizionario (m)	qamūs (m)	قاموس
manuale (m) autodidattico	ketāb ta'līm zāty (m)	كتاب تعليم ذاتي
frasario (m)	ketāb lel 'ebarāt el ʃā'e'a (m)	كتاب للعبارت الشائعة
cassetta (f)	kasett (m)	كاسيت
videocassetta (f)	ʃerī'ṭ video (m)	شريط فيديو
CD (m)	sidī (m)	سي دي
DVD (m)	dividī (m)	دي في دي
alfabeto (m)	abgadiya (f)	أبجدية
compitare (vt)	tahagga	تهجّى
pronuncia (f)	noṭ' (m)	نطق
accento (m)	lahga (f)	لهجة
con un accento	be lahga	بـ لهجة
senza accento	men ɣeyr lahga	من غير لهجة
vocabolo (m)	kelma (f)	كلمة
significato (m)	ma'na (m)	معنى

corso (m) (~ di francese)	dawra (f)	دورة
iscriversi (vr)	saggel esmo	سجّل إسمه
insegnante (m, f)	modarres (m)	مدرّس
traduzione (f) (fare una ~)	targama (f)	ترجمة
traduzione (f) (un testo)	targama (f)	ترجمة
traduttore (m)	motargem (m)	مترجم
interprete (m)	motargem fawwry (m)	مترجم فوّري
poliglotta (m)	ʿalīm beʿeddet loɣāt (m)	عليم بعدّة لغات
memoria (f)	zākera (f)	ذاكرة

PASTI. RISTORANTE

48. Preparazione della tavola

cucchiaio (m)	ma'la'a (f)	معلقة
coltello (m)	sekkīna (f)	سكّينة
forchetta (f)	ʃawka (f)	شوكة
tazza (f)	fengān (m)	فنجان
piatto (m)	ṭaba' (m)	طبق
piattino (m)	ṭaba' fengān (m)	طبق فنجان
tovagliolo (m)	mandīl wara' (m)	منديل ورق
stuzzicadenti (m)	χallet senān (f)	خلة سنان

49. Ristorante

ristorante (m)	maṭ'am (m)	مطعم
caffè (m)	'ahwa (f), kaféih (m)	قهوة, كافيه
pub (m), bar (m)	bār (m)	بار
sala (f) da tè	ṣalone ʃāy (m)	صالون شاي
cameriere (m)	garsone (m)	جرسون
cameriera (f)	garsona (f)	جرسونة
barista (m)	bārman (m)	بارمان
menù (m)	qā'emet el ṭa'ām (f)	قائمة طعام
lista (f) dei vini	qā'emet el χomūr (f)	قائمة خمور
prenotare un tavolo	ḥagaz sofra	حجز سفرة
piatto (m)	wagba (f)	وجبة
ordinare (~ il pranzo)	ṭalab	طلب
fare un'ordinazione	ṭalab	طلب
aperitivo (m)	ʃarāb (m)	شراب
antipasto (m)	moqabbelāt (pl)	مقبّلات
dolce (m)	ḥalawīāt (pl)	حلويّات
conto (m)	ḥesāb (m)	حساب
pagare il conto	dafa' el ḥesāb	دفع الحساب
dare il resto	edda el bā'y	ادّي الباقي
mancia (f)	ba'ʃīʃ (m)	بقشيش

50. Pasti

cibo (m)	akl (m)	أكل
mangiare (vi, vt)	akal	أكل

colazione (f)	foṭūr (m)	فطور
fare colazione	feṭer	فطر
pranzo (m)	ɣada' (m)	غداء
pranzare (vi)	etɣadda	إتغدّى
cena (f)	'aʃā' (m)	عشاء
cenare (vi)	et'asʃa	إتعشّى
appetito (m)	ʃahiya (f)	شهيّة
Buon appetito!	bel hana wel ʃefa!	بالهنا والشفا!
aprire (vt)	fataḥ	فتح
rovesciare (~ il vino, ecc.)	dala'	دلق
rovesciarsi (vr)	dala'	دلق
bollire (vi)	ɣely	غلى
far bollire	ɣely	غلى
bollito (agg)	maɣly	مغلي
raffreddare (vt)	barrad	برّد
raffreddarsi (vr)	barrad	برّد
gusto (m)	ṭa'm (m)	طعم
retrogusto (m)	ṭa'm ma ba'd el mazāq (m)	طعم ما بعد المذاق
essere a dieta	χass	خسّ
dieta (f)	reʒīm (m)	رجيم
vitamina (f)	vitamīn (m)	فيتامين
caloria (f)	so'ra ḥarāriya (f)	سعرة حراريّة
vegetariano (m)	nabāty (m)	نباتي
vegetariano (agg)	nabāty	نباتي
grassi (m pl)	dohūn (pl)	دهون
proteine (f pl)	brotenāt (pl)	بروتينات
carboidrati (m pl)	naʃawīāt (pl)	نشويّات
fetta (f), fettina (f)	ʃarīḥa (f)	شريحة
pezzo (m) (~ di torta)	'eṭ'a (f)	قطعة
briciola (f) (~ di pane)	fattāta (f)	فتاتة

51. Pietanze cucinate

piatto (m) (~ principale)	wagba (f)	وجبة
cucina (f)	maṭbaχ (m)	مطبخ
ricetta (f)	waṣfa (f)	وصفة
porzione (f)	naṣīb (m)	نصيب
insalata (f)	solṭa (f)	سلطة
minestra (f)	ʃorba (f)	شوربة
brodo (m)	mara'a (m)	مرقة
panino (m)	sandawitʃ (m)	ساندويتش
uova (f pl) al tegamino	beyḍ ma'ly (m)	بيض مقلي
hamburger (m)	hamburger (m)	هامبورجر
bistecca (f)	steak laḥm (m)	ستيك لحم
contorno (m)	ṭaba' gāneby (m)	طبق جانبي

spaghetti (m pl)	spaɣetti (m)	سباجيتي
purè (m) di patate	baṭāṭes mahrūsa (f)	بطاطس مهروسة
pizza (f)	bītza (f)	بيتزا
porridge (m)	ʿaṣīda (f)	عصيدة
frittata (f)	omlette (m)	اومليت
bollito (agg)	maslūʾ	مسلوق
affumicato (agg)	modakχen	مدخّن
fritto (agg)	maʾly	مقلي
secco (agg)	mogaffaf	مجفّف
congelato (agg)	mogammad	مجمّد
sottoaceto (agg)	meχallel	مخلّل
dolce (gusto)	mesakkar	مسكّر
salato (agg)	māleḥ	مالح
freddo (agg)	bāred	بارد
caldo (agg)	soχn	سخن
amaro (agg)	morr	مرّ
buono, gustoso (agg)	ḥelw	حلو
cuocere, preparare (vt)	salaʾ	سلق
cucinare (vi)	ḥaḍḍar	حضّر
friggere (vt)	ʾala	قلي
riscaldare (vt)	sakχan	سخّن
salare (vt)	rasʃ malḥ	رشّ ملح
pepare (vt)	rasʃ felfel	رشّ فلفل
grattugiare (vt)	baraʃ	برش
buccia (f)	ʾeʃra (f)	قشرة
sbucciare (vt)	ʾasʃar	قشّر

52. Cibo

carne (f)	laḥma (f)	لحمة
pollo (m)	ferāχ (m)	فراخ
pollo (m) novello	farrūg (m)	فرّوج
anatra (f)	baṭṭa (f)	بطّة
oca (f)	wezza (f)	وزّة
cacciagione (f)	ṣeyd (m)	صيد
tacchino (m)	dīk rūmy (m)	ديك رومي
maiale (m)	laḥm el χanazīr (m)	لحم الخنزير
vitello (m)	laḥm el ʿegl (m)	لحم العجل
agnello (m)	laḥm ḍāny (m)	لحم ضاني
manzo (m)	laḥm baqary (m)	لحم بقري
coniglio (m)	laḥm arāneb (m)	لحم أرانب
salame (m)	sogoʾʾ (m)	سجق
w?rstel (m)	sogoʾʾ (m)	سجق
pancetta (f)	bakon (m)	بيكون
prosciutto (m)	hām(m)	هام
prosciutto (m) affumicato	faχd χanzīr (m)	فخد خنزير
pâté (m)	maʿgūn laḥm (m)	معجون لحم
fegato (m)	kebda (f)	كبدة

carne (f) trita	hamburger (m)	هامبورجر
lingua (f)	lesān (m)	لسان
uovo (m)	beyḍa (f)	بيضة
uova (f pl)	beyḍ (m)	بيض
albume (m)	bayāḍ el beyḍ (m)	بياض البيض
tuorlo (m)	ṣafār el beyḍ (m)	صفار البيض
pesce (m)	samak (m)	سمك
frutti (m pl) di mare	sīfūd (pl)	سي فود
caviale (m)	kaviar (m)	كافيار
granchio (m)	kaboria (m)	كابوريا
gamberetto (m)	gammbary (m)	جمّبري
ostrica (f)	maḥār (m)	محار
aragosta (f)	estakoza (m)	استاكوزا
polpo (m)	aχṭabūṭ (m)	أخطبوط
calamaro (m)	kalmāry (m)	كالماري
storione (m)	samak el ḥafʃ (m)	سمك الحفش
salmone (m)	salamon (m)	سلمون
ippoglosso (m)	samak el halbūt (m)	سمك الهلبوت
merluzzo (m)	samak el qadd (m)	سمك القد
scombro (m)	makerel (m)	ماكريل
tonno (m)	tuna (f)	تونة
anguilla (f)	ḥankalīs (m)	حنكليس
trota (f)	salamon mera''aṭ (m)	سلمون مرقّط
sardina (f)	sardīn (m)	سردين
luccio (m)	samak el karāky (m)	سمك الكراكي
aringa (f)	renga (f)	رنجة
pane (m)	ʿeyʃ (m)	عيش
formaggio (m)	gebna (f)	جبنة
zucchero (m)	sokkar (m)	سكّر
sale (m)	melḥ (m)	ملح
riso (m)	rozz (m)	رزّ
pasta (f)	makaruna (f)	مكرونة
tagliatelle (f pl)	nūdles (f)	نودلز
burro (m)	zebda (f)	زبدة
olio (m) vegetale	zeyt (m)	زيت
olio (m) di girasole	zeyt ʿabbād el ʃams (m)	زيت عبّاد الشمس
margarina (f)	margarīn (m)	مارجرين
olive (f pl)	zaytūn (m)	زيتون
olio (m) d'oliva	zeyt el zaytūn (m)	زيت الزيتون
latte (m)	laban (m)	لبن
latte (m) condensato	ḥalīb mokassaf (m)	حليب مكثّف
yogurt (m)	zabādy (m)	زبادي
panna (f) acida	kreyma ḥamḍa (f)	كريمة حامضة
panna (f)	krīma (f)	كريمة
maionese (m)	mayonnɛ:z (m)	مايونيز

crema (f)	krīmet zebda (f)	كريمة زبدة
cereali (m pl)	ḥobūb 'amḥ (pl)	حبوب قمح
farina (f)	de'ī' (m)	دقيق
cibi (m pl) in scatola	mo'allabāt (pl)	معلّبات
fiocchi (m pl) di mais	korn fleks (m)	كورن فليكس
miele (m)	'asal (m)	عسل
marmellata (f)	mrabba (m)	مربّى
gomma (f) da masticare	lebān (m)	لبان

53. Bevande

acqua (f)	meyāh (f)	مياه
acqua (f) potabile	mayet ʃorb (m)	ميّة شرب
acqua (f) minerale	maya ma'daniya (f)	ميّة معدنية
liscia (non gassata)	rakeda	راكدة
gassata (agg)	kanz	كانز
frizzante (agg)	kanz	كانز
ghiaccio (m)	talg (m)	ثلج
con ghiaccio	bel talg	بالتلج
analcolico (agg)	men ɣeyr koḥūl	من غير كحول
bevanda (f) analcolica	maʃrūb ɣāzy (m)	مشروب غازي
bibita (f)	ḥāga sa''a (f)	حاجة ساقعة
limonata (f)	limonāta (f)	ليموناتة
bevande (f pl) alcoliche	maʃrūbāt koḥūliya (pl)	مشروبات كحولية
vino (m)	χamra (f)	خمرة
vino (m) bianco	nebīz abyaḍ (m)	نبيذ أبيض
vino (m) rosso	nebī aḥmar (m)	نبيذ أحمر
liquore (m)	liqure (m)	ليكيور
champagne (m)	ʃambania (f)	شمبانيا
vermouth (m)	vermote (m)	فيرموت
whisky	wiski (m)	ويسكي
vodka (f)	vodka (f)	فودكا
gin (m)	ʒin (m)	جين
cognac (m)	konyāk (m)	كونياك
rum (m)	rum (m)	رم
caffè (m)	'ahwa (f)	قهوة
caffè (m) nero	'ahwa sāda (f)	قهوة سادة
caffè latte (m)	'ahwa bel ḥalīb (f)	قهوة بالحليب
cappuccino (m)	kaputʃino (m)	كابتشينو
caffè (m) solubile	neskafe (m)	نيسكافيه
latte (m)	laban (m)	لبن
cocktail (m)	koktayl (m)	كوكتيل
frullato (m)	milk ʃejk (m)	ميلك شيك
succo (m)	'aṣīr (m)	عصير
succo (m) di pomodoro	'aṣīr ṭamāṭem (m)	عصير طماطم

succo (m) d'arancia	'aṣīr bortoqāl (m)	عصير برتقال
spremuta (f)	'aṣīr freʃ (m)	عصير فريش
birra (f)	bīra (f)	بيرة
birra (f) chiara	bīra χafīfa (f)	بيرة خفيفة
birra (f) scura	bīra ɣam'a (f)	بيرة غامقة
tè (m)	ʃāy (m)	شاي
tè (m) nero	ʃāy aḥmar (m)	شاي أحمر
tè (m) verde	ʃāy aχḍar (m)	شاي أخضر

54. Verdure

ortaggi (m pl)	χoḍār (pl)	خضار
verdura (f)	χoḍrawāt waraqiya (pl)	خضروات ورقية
pomodoro (m)	ṭamāṭem (f)	طماطم
cetriolo (m)	χeyār (m)	خيار
carota (f)	gazar (m)	جزر
patata (f)	baṭāṭes (f)	بطاطس
cipolla (f)	baṣal (m)	بصل
aglio (m)	tūm (m)	ثوم
cavolo (m)	koronb (m)	كرنب
cavolfiore (m)	'arnabīṭ (m)	قرنبيط
cavoletti (m pl) di Bruxelles	koronb broksel (m)	كرنب بروكسل
broccolo (m)	brokkoli (m)	بركولي
barbabietola (f)	bangar (m)	بنجر
melanzana (f)	bātengān (m)	باذنجان
zucchina (f)	kōsa (f)	كوسة
zucca (f)	qar' 'asaly (m)	قرع عسلي
rapa (f)	left (m)	لفت
prezzemolo (m)	ba'dūnes (m)	بقدونس
aneto (m)	ʃabat (m)	شبت
lattuga (f)	χass (m)	خسّ
sedano (m)	karfas (m)	كرفس
asparago (m)	helione (m)	هليون
spinaci (m pl)	sabāneχ (m)	سبانخ
pisello (m)	besella (f)	بسلّة
fave (f pl)	fūl (m)	فول
mais (m)	dora (f)	ذرة
fagiolo (m)	faṣolya (f)	فاصوليا
peperone (m)	felfel (m)	فلفل
ravanello (m)	fegl (m)	فجل
carciofo (m)	χarʃūf (m)	خرشوف

55. Frutta. Noci

frutto (m)	faχa (f)	فاكهة
mela (f)	toffāḥa (f)	تفّاحة

pera (f)	komettra (f)	كمّثرى
limone (m)	lymūn (m)	ليمون
arancia (f)	bortoqāl (m)	برتقال
fragola (f)	farawla (f)	فراولة
mandarino (m)	yosfy (m)	يوسفي
prugna (f)	bar'ū' (m)	برقوق
pesca (f)	χawχa (f)	خوخة
albicocca (f)	meʃmeʃ (f)	مشمش
lampone (m)	tūt el 'alī' el aḥmar (m)	توت العليق الأحمر
ananas (m)	ananās (m)	أناناس
banana (f)	moze (m)	موز
anguria (f)	baṭṭīχ (m)	بطّيخ
uva (f)	'enab (m)	عنب
amarena (f), ciliegia (f)	karaz (m)	كرز
melone (m)	ʃammām (f)	شمّام
pompelmo (m)	grabe frūt (m)	جريب فروت
avocado (m)	avokado (f)	افوكاتو
papaia (f)	babāya (m)	ببايا
mango (m)	manga (m)	مانجة
melagrana (f)	rommān (m)	رمان
ribes (m) rosso	keʃmeʃ aḥmar (m)	كشمش أحمر
ribes (m) nero	keʃmeʃ aswad (m)	كشمش أسود
uva (f) spina	'enab el sa'lab (m)	عنب الثعلب
mirtillo (m)	'enab al aḥrāg (m)	عنب الأحراج
mora (f)	tūt aswad (m)	توت أسود
uvetta (f)	zebīb (m)	زبيب
fico (m)	tīn (m)	تين
dattero (m)	tamr (m)	تمر
arachide (f)	fūl sudāny (m)	فول سوداني
mandorla (f)	loze (m)	لوز
noce (f)	'eyn gamal (f)	عين الجمل
nocciola (f)	bondo' (m)	بندق
noce (f) di cocco	goze el hend (m)	جوز هند
pistacchi (m pl)	fosto' (m)	فستق

56. Pane. Dolci

pasticceria (f)	ḥalawīāt (pl)	حلويّات
pane (m)	'eyʃ (m)	عيش
biscotti (m pl)	baskawīt (m)	بسكويت
cioccolato (m)	ʃokolāta (f)	شكولاتة
al cioccolato (agg)	bel ʃokolāṭa	بالشكولاتة
caramella (f)	bonbony (m)	بونبوني
tortina (f)	keyka (f)	كيكة
torta (f)	torta (f)	تورتة
crostata (f)	feṭīra (f)	فطيرة
ripieno (m)	ḥaʃwa (f)	حشوة

marmellata (f)	mrabba (m)	مربّى
marmellata (f) di agrumi	marmalād (f)	مرملاد
wafer (m)	waffles (pl)	وافلز
gelato (m)	'ays krīm (m)	آيس كريم
budino (m)	būding (m)	بودنج

57. Spezie

sale (m)	melḥ (m)	ملح
salato (agg)	māleḥ	مالح
salare (vt)	rasʃ malḥ	رشّ ملح
pepe (m) nero	felfel aswad (m)	فلفل أسوّد
peperoncino (m)	felfel aḥmar (m)	فلفل أحمر
senape (f)	mosṭarda (m)	مسطردة
cren (m)	fegl ḥār (m)	فجل حار
condimento (m)	bahār (m)	بهار
spezie (f pl)	bahār (m)	بهار
salsa (f)	ṣalṣa (f)	صلصة
aceto (m)	χall (m)	خلّ
anice (m)	yansūn (m)	ينسون
basilico (m)	rīḥān (m)	ريحان
chiodi (m pl) di garofano	'oronfol (m)	قرنفل
zenzero (m)	zangabīl (m)	زنجبيل
coriandolo (m)	kozbora (f)	كزبرة
cannella (f)	'erfa (f)	قرفة
sesamo (m)	semsem (m)	سمسم
alloro (m)	wara' el γār (m)	ورق الغار
paprica (f)	babrika (f)	بابريكا
cumino (m)	karawya (f)	كراوية
zafferano (m)	za'farān (m)	زعفران

INFORMAZIONI PERSONALI. FAMIGLIA

58. Informazioni personali. Moduli

nome (m)	esm (m)	اسم
cognome (m)	esm el 'a'ela (m)	اسم العائلة
data (f) di nascita	tarīχ el melād (m)	تاريخ الميلاد
luogo (m) di nascita	makān el melād (m)	مكان الميلاد
nazionalità (f)	gensiya (f)	جنسيّة
domicilio (m)	maqarr el eqāma (m)	مقرّ الإقامة
paese (m)	balad (m)	بلد
professione (f)	mehna (f)	مهنة
sesso (m)	ginss (m)	جنس
statura (f)	ṭūl (m)	طول
peso (m)	wazn (m)	وزن

59. Membri della famiglia. Parenti

madre (f)	walda (f)	والدة
padre (m)	wāled (m)	والد
figlio (m)	walad (m)	ولد
figlia (f)	bent (f)	بنت
figlia (f) minore	el bent el saɣīra (f)	البنت الصغيرة
figlio (m) minore	el ebn el saɣīr (m)	الابن الصغير
figlia (f) maggiore	el bent el kebīra (f)	البنت الكبيرة
figlio (m) maggiore	el ebn el kabīr (m)	الابن الكبير
fratello (m)	aχ (m)	أخ
fratello (m) maggiore	el aχ el kibīr (m)	الأخ الكبير
fratello (m) minore	el aχ el ṣoɣeyyir (m)	الأخ الصغير
sorella (f)	oχt (f)	أخت
sorella (f) maggiore	el uχt el kibīra (f)	الأخت الكبيرة
sorella (f) minore	el uχt el ṣoɣeyyira (f)	الأخت الصغيرة
cugino (m)	ibn 'amm (m), ibn χāl (m)	إبن عمّ, إبن خال
cugina (f)	bint 'amm (f), bint χāl (f)	بنت عم, بنت خال
mamma (f)	mama (f)	ماما
papà (m)	baba (m)	بابا
genitori (m pl)	waldeyn (du)	والدين
bambino (m)	ṭefl (m)	طفل
bambini (m pl)	aṭfāl (pl)	أطفال
nonna (f)	gedda (f)	جدّة
nonno (m)	gadd (m)	جدّ
nipote (m) (figlio di un figlio)	ḥafīd (m)	حفيد

nipote (f)	ḥafīda (f)	حفيدة
nipoti (pl)	aḥfād (pl)	أحفاد
zio (m)	ʿamm (m), χāl (m)	عمّ, خال
zia (f)	ʿamma (f), χāla (f)	عمّة, خالة
nipote (m) (figlio di un fratello)	ibn el aχ (m), ibn el uχt (m)	إبن الأخ, إبن الأخت
nipote (f)	bint el aχ (f), bint el uχt (f)	بنت الأخ, بنت الأخت
suocera (f)	ḥamah (f)	حماة
suocero (m)	ḥama (m)	حما
genero (m)	goze el bent (m)	جوز البنت
matrigna (f)	merāt el abb (f)	مرات الأب
patrigno (m)	goze el omm (m)	جوز الأم
neonato (m)	ṭefl raḍeeʿ (m)	طفل رضيع
infante (m)	mawlūd (m)	موّلود
bimbo (m), ragazzino (m)	walad ṣaɣīr (m)	ولد صغير
moglie (f)	goza (f)	جوزة
marito (m)	goze (m)	جوز
coniuge (m)	goze (m)	جوز
coniuge (f)	goza (f)	جوزة
sposato (agg)	metgawwez	متجوّز
sposata (agg)	metgawweza	متجوّزة
celibe (agg)	aʿzab	أعزب
scapolo (m)	aʿzab (m)	أعزب
divorziato (agg)	moṭallaq (m)	مطلّق
vedova (f)	armala (f)	أرملة
vedovo (m)	armal (m)	أرمل
parente (m)	ʾarīb (m)	قريب
parente (m) stretto	nesīb ʾarīb (m)	نسيب قريب
parente (m) lontano	nesīb beʿīd (m)	نسيب بعيد
parenti (m pl)	aqāreb (pl)	أقارب
orfano (m), orfana (f)	yatīm (m)	يتيم
tutore (m)	walyī amr (m)	وليّ أمر
adottare (~ un bambino)	tabanna	تبنّى
adottare (~ una bambina)	tabanna	تبنّى

60. Amici. Colleghi

amico (m)	ṣadīq (m)	صديق
amica (f)	ṣadīqa (f)	صديقة
amicizia (f)	ṣadāqa (f)	صداقة
essere amici	ṣādaq	صادق
amico (m) (inform.)	ṣāḥeb (m)	صاحب
amica (f) (inform.)	ṣaḥba (f)	صاحبة
partner (m)	rafīʾ (m)	رفيق
capo (m)	raʾīs (m)	رئيس
capo (m), superiore (m)	el arfaʿ maqāman (m)	الأرفع مقاماً
proprietario (m)	ṣāḥib (m)	صاحب

subordinato (m)	tābe' (m)	تابع
collega (m)	zamīl (m)	زميل
conoscente (m)	ma'refa (m)	معرفة
compagno (m) di viaggio	rafī' safar (m)	رفيق سفر
compagno (m) di classe	zamīl fel ṣaff (m)	زميل في الصفّ
vicino (m)	gār (m)	جار
vicina (f)	gāra (f)	جارة
vicini (m pl)	gerān (pl)	جيران

CORPO UMANO. MEDICINALI

61. Testa

testa (f)	ra's (m)	رأس
viso (m)	weʃ (m)	وش
naso (m)	manaχīr (m)	مناخير
bocca (f)	bo' (m)	بوء
occhio (m)	ʿeyn (f)	عين
occhi (m pl)	ʿoyūn (pl)	عيون
pupilla (f)	ḥad'a (f)	حدقة
sopracciglio (m)	ḥāgeb (m)	حاجب
ciglio (m)	remʃ (m)	رمش
palpebra (f)	gefn (m)	جفن
lingua (f)	lesān (m)	لسان
dente (m)	senna (f)	سنّة
labbra (f pl)	ʃafāyef (pl)	شفايف
zigomi (m pl)	ʿaḍmet el χadd (f)	عضمة الخدّ
gengiva (f)	lassa (f)	لثّة
palato (m)	ḥanak (m)	حنك
narici (f pl)	manaχer (pl)	مناخر
mento (m)	da''n (m)	دقن
mascella (f)	fakk (m)	فكّ
guancia (f)	χadd (m)	خدّ
fronte (f)	gabha (f)	جبهة
tempia (f)	ṣedɣ (m)	صدغ
orecchio (m)	wedn (f)	ودن
nuca (f)	'afa (m)	قفا
collo (m)	ra'aba (f)	رقبة
gola (f)	zore (m)	زور
capelli (m pl)	ʃaʿr (m)	شعر
pettinatura (f)	tasrīḥa (f)	تسريحة
taglio (m)	tasrīḥa (f)	تسريحة
parrucca (f)	barūka (f)	باروكة
baffi (m pl)	ʃanab (pl)	شنب
barba (f)	leḥya (f)	لحية
portare (~ la barba, ecc.)	ʿando	عنده
treccia (f)	ḍefīra (f)	ضفيرة
basette (f pl)	sawālef (pl)	سوالف
rosso (agg)	aḥmar el ʃaʿr	أحمر الشعر
brizzolato (agg)	ʃaʿr abyaḍ	شعر أبيض
calvo (agg)	aṣlaʿ	أصلع
calvizie (f)	ṣalaʿ (m)	صلع

coda (f) di cavallo	deyl ḥoṣān (m)	ديل حصان
frangetta (f)	'oṣṣa (f)	قصّة

62. Corpo umano

mano (f)	yad (m)	يد
braccio (m)	derā' (f)	دراع
dito (m)	ṣobā' (m)	صباع
dito (m) del piede	ṣobā' el 'adam (m)	صباع القدم
pollice (m)	ebhām (m)	إبهام
mignolo (m)	χonṣor (m)	خنصر
unghia (f)	ḍefr (m)	ضفر
pugno (m)	qabḍa (f)	قبضة
palmo (m)	kaff (f)	كفّ
polso (m)	me'ṣam (m)	معصم
avambraccio (m)	sā'ed (m)	ساعد
gomito (m)	kū' (m)	كوع
spalla (f)	ketf (f)	كتف
gamba (f)	regl (f)	رجل
pianta (f) del piede	qadam (f)	قدم
ginocchio (m)	rokba (f)	ركبة
polpaccio (m)	semmāna (f)	سمّانة
anca (f)	faχd (f)	فخد
tallone (m)	ka'b (m)	كعب
corpo (m)	gesm (m)	جسم
pancia (f)	baṭn (m)	بطن
petto (m)	ṣedr (m)	صدر
seno (m)	sady (m)	ثدي
fianco (m)	ganb (m)	جنب
schiena (f)	ḍahr (m)	ضهر
zona (f) lombare	asfal el ḍahr (m)	أسفل الضهر
vita (f)	wesṭ (f)	وسط
ombelico (m)	sorra (f)	سرّة
natiche (f pl)	ardāf (pl)	أرداف
sedere (m)	debr (m)	دبر
neo (m)	ʃāma (f)	شامة
voglia (f) (~ di fragola)	waḥma	وحمة
tatuaggio (m)	waʃm (m)	وشم
cicatrice (f)	nadba (f)	ندبة

63. Malattie

malattia (f)	maraḍ (m)	مرض
essere malato	mereḍ	مرض
salute (f)	ṣeḥḥa (f)	صحّة
raffreddore (m)	raʃ-ḥ fel anf (m)	رشح في الأنف

tonsillite (f)	eltehāb el lawzateyn (m)	إلتهاب اللوزتين
raffreddore (m)	zokām (m)	زكام
raffreddarsi (vr)	gālo bard	جاله برد
bronchite (f)	eltehāb ʃo'aby (m)	إلتهاب شعبيّ
polmonite (f)	eltehāb ra'awy (m)	إلتهاب رئوي
influenza (f)	influenza (f)	إنفلونزا
miope (agg)	'aṣīr el naẓar	قصير النظر
presbite (agg)	be'īd el naẓar	بعيد النظر
strabismo (m)	ḥawal (m)	حوّل
strabico (agg)	aḥwal	أحوّل
cateratta (f)	katarakt (f)	كاتاراكت
glaucoma (m)	glawkoma (f)	جلوكوما
ictus (m) cerebrale	sakta (f)	سكتة
attacco (m) di cuore	azma 'albiya (f)	أزمة قلبية
infarto (m) miocardico	nawba 'albiya (f)	نوبة قلبية
paralisi (f)	ʃalal (m)	شلل
paralizzare (vt)	ʃall	شلّ
allergia (f)	ḥasasiya (f)	حساسيّة
asma (f)	rabw (m)	ربو
diabete (m)	dā' el sokkary (m)	داء السكّري
mal (m) di denti	alam asnān (m)	ألم الأسنان
carie (f)	naχr el asnān (m)	نخر الأسنان
diarrea (f)	es-hāl (m)	إسهال
stitichezza (f)	emsāk (m)	إمساك
disturbo (m) gastrico	eḍṭrāb el me'da (m)	إضطراب المعدة
intossicazione (f) alimentare	tasammom (m)	تسمم
intossicarsi (vr)	etsammem	إتسمّم
artrite (f)	eltehāb el mafāṣel (m)	إلتهاب المفاصل
rachitide (f)	kosāḥ el aṭfāl (m)	كساح الأطفال
reumatismo (m)	rheumatism (m)	روماتزم
aterosclerosi (f)	taṣṣallob el ʃarayīn (m)	تصلّب الشرايين
gastrite (f)	eltehāb el me'da (m)	إلتهاب المعدة
appendicite (f)	eltehāb el zayda el dūdiya (m)	إلتهاب الزائدة الدودية
colecistite (f)	eltehāb el marāra (m)	إلتهاب المرارة
ulcera (f)	qorḥa (f)	قرحة
morbillo (m)	maraḍ el ḥaṣba (m)	مرض الحصبة
rosolia (f)	el ḥaṣba el almaniya (f)	الحصبة الألمانية
itterizia (f)	yaraqān (m)	يرقان
epatite (f)	eltehāb el kabed el vayrūsy (m)	إلتهاب الكبد الفيروسي
schizofrenia (f)	fuṣām (m)	فصام
rabbia (f)	dā' el kalb (m)	داء الكلب
nevrosi (f)	eḍṭrāb 'aṣaby (m)	إضطراب عصبي
commozione (f) cerebrale	ertegāg el moχ (m)	إرتجاج المخ
cancro (m)	saraṭān (m)	سرطان
sclerosi (f)	taṣṣallob (m)	تصلّب

sclerosi (f) multipla	taṣṣallob mota'added (m)	تصلّب متعدّد
alcolismo (m)	edmān el χamr (m)	إدمان الخمر
alcolizzato (m)	modmen el χamr (m)	مدمن الخمر
sifilide (f)	syfilis el zehry (m)	سفلس الزهري
AIDS (m)	el eydz (m)	الايدز
tumore (m)	waram (m)	ورم
maligno (agg)	χabīs	خبيث
benigno (agg)	ḥamīd (m)	حميد
febbre (f)	ḥomma (f)	حمّى
malaria (f)	malaria (f)	ملاريا
cancrena (f)	ɣanɣarīna (f)	غنغرينا
mal (m) di mare	dawār el baḥr (m)	دوار البحر
epilessia (f)	maraḍ el ṣara' (m)	مرض الصرع
epidemia (f)	wabā' (m)	وباء
tifo (m)	tyfus (m)	تيفوس
tubercolosi (f)	maraḍ el soll (m)	مرض السلّ
colera (m)	kōlīra (f)	كوليرا
peste (f)	ṭa'ūn (m)	طاعون

64. Sintomi. Cure. Parte 1

sintomo (m)	'araḍ (m)	عرض
temperatura (f)	ḥarāra (f)	حرارة
febbre (f) alta	ḥomma (f)	حمّى
polso (m)	nabḍ (m)	نبض
capogiro (m)	dawχa (f)	دوخة
caldo (agg)	soχn	سخن
brivido (m)	ra'ʃa (f)	رعشة
pallido (un viso ~)	aṣfar	أصفر
tosse (f)	koḥḥa (f)	كحّة
tossire (vi)	kaḥḥ	كحّ
starnutire (vi)	'aṭas	عطس
svenimento (m)	dawχa (f)	دوخة
svenire (vi)	oɣma 'aleyh	أغمي عليه
livido (m)	kadma (f)	كدمة
bernoccolo (m)	tawarrom (m)	تورّم
farsi un livido	etχabaṭ	إتخبط
contusione (f)	raḍḍa (f)	رضّة
farsi male	etkadam	إتكدم
zoppicare (vi)	'arag	عرج
slogatura (f)	χal' (m)	خلع
slogarsi (vr)	χala'	خلع
frattura (f)	kasr (m)	كسر
fratturarsi (vr)	enkasar	إنكسر
taglio (m)	garḥ (m)	جرح
tagliarsi (vr)	garaḥ nafsoh	جرح نفسه

emorragia (f)	nazīf (m)	نزيف
scottatura (f)	ḥar' (m)	حرق
scottarsi (vr)	et-ḥara'	إتحرق
pungere (vt)	waχaz	وخز
pungersi (vr)	waχaz nafso	وخز نفسه
ferire (vt)	aṣāb	أصاب
ferita (f)	eṣāba (f)	إصابة
lesione (f)	garḥ (m)	جرح
trauma (m)	ṣadma (f)	صدمة
delirare (vi)	haza	هذى
tartagliare (vi)	tala'sam	تلعثم
colpo (m) di sole	ḍarabet ʃams (f)	ضربة شمس

65. Sintomi. Cure. Parte 2

dolore (m), male (m)	alam (m)	ألم
scheggia (f)	ʃazya (f)	شظية
sudore (m)	'er' (m)	عرق
sudare (vi)	'ere'	عرق
vomito (m)	targee' (m)	ترجيع
convulsioni (f pl)	taʃonnogāt (pl)	تشنّجات
incinta (agg)	ḥāmel	حامل
nascere (vi)	etwalad	اتوّلد
parto (m)	welāda (f)	ولادة
essere in travaglio di parto	walad	ولد
aborto (m)	eg-hāḍ (m)	إجهاض
respirazione (f)	tanaffos (m)	تنفّس
inspirazione (f)	estenʃāq (m)	إستنشاق
espirazione (f)	zafīr (m)	زفير
espirare (vi)	zafar	زفر
inspirare (vi)	estanʃaq	إستنشق
invalido (m)	mo'āq (m)	معاق
storpio (m)	moq'ad (m)	مقعد
drogato (m)	modmen moχaddarāt (m)	مدمن مخدّرات
sordo (agg)	aṭraʃ	أطرش
muto (agg)	aχras	أخرس
sordomuto (agg)	aṭraʃ aχras	أطرش أخرس
matto (agg)	magnūn (m)	مجنون
matto (m)	magnūn (m)	مجنون
matta (f)	magnūna (f)	مجنونة
impazzire (vi)	etgannen	اتجنّن
gene (m)	ʒīn (m)	جين
immunità (f)	manā'a (f)	مناعة
ereditario (agg)	werāsy	وراثي
innato (agg)	χolqy men el welāda	خلقي من الولادة

virus (m)	virūs (m)	فيروس
microbo (m)	mikrūb (m)	ميكروب
batterio (m)	garsūma (f)	جرثومة
infezione (f)	'adwa (f)	عدوى

66. Sintomi. Cure. Parte 3

ospedale (m)	mostaʃfa (m)	مستشفى
paziente (m)	marīḍ (m)	مريض
diagnosi (f)	taʃχīṣ (m)	تشخيص
cura (f)	ʃefā' (m)	شفاء
trattamento (m)	'elāg ṭebby (m)	علاج طبي
curarsi (vr)	et'āleg	اتعالج
curare (vt)	'ālag	عالج
accudire (un malato)	marraḍ	مرّض
assistenza (f)	'enāya (f)	عناية
operazione (f)	'amaliya grāḥiya (f)	عمليّة جراحية
bendare (vt)	ḍammad	ضمّد
fasciatura (f)	taḍmīd (m)	تضميد
vaccinazione (f)	talqīḥ (m)	تلقيح
vaccinare (vt)	laqqaḥ	لقّح
iniezione (f)	ḥo'na (f)	حقنة
fare una puntura	ḥa'an ebra	حقن إبرة
attacco (m) (~ epilettico)	nawba (f)	نوبة
amputazione (f)	batr (m)	بتر
amputare (vt)	batr	بتر
coma (m)	ɣaybūba (f)	غيبوبة
essere in coma	kān fi ḥālet ɣaybūba	كان في حالة غيبوبة
rianimazione (f)	el 'enāya el morakkaza (f)	العناية المركّزة
guarire (vi)	ʃefy	شفي
stato (f) (del paziente)	ḥāla (f)	حالة
conoscenza (f)	wa'y (m)	وعي
memoria (f)	zākera (f)	ذاكرة
estrarre (~ un dente)	χala'	خلع
otturazione (f)	ḥaʃww (m)	حشو
otturare (vt)	ḥaʃa	حشا
ipnosi (f)	el tanwīm el meɣnaṭīsy (m)	التنويم المغناطيسي
ipnotizzare (vt)	nawwem	نوّم

67. Medicinali. Farmaci. Accessori

medicina (f)	dawā' (m)	دواء
rimedio (m)	'elāg (m)	علاج
prescrivere (vt)	waṣaf	وصف
prescrizione (f)	waṣfa (f)	وصفة

compressa (f)	'orṣ (m)	قرص
unguento (m)	marham (m)	مرهم
fiala (f)	ambūla (f)	أمبولة
pozione (f)	dawā' ʃorb (m)	دواء شراب
sciroppo (m)	ʃarāb (m)	شراب
pillola (f)	ḥabba (f)	حبّة
polverina (f)	zorūr (m)	ذرور
benda (f)	ḍammāda ʃāʃ (f)	ضمادة شاش
ovatta (f)	'oṭn (m)	قطن
iodio (m)	yūd (m)	يود
cerotto (m)	blaster (m)	بلاستر
contagocce (m)	'aṭṭāra (f)	قطّارة
termometro (m)	termometr (m)	ترمومتر
siringa (f)	serennga (f)	سرنّجة
sedia (f) a rotelle	korsy motaḥarrek (m)	كرسي متحرك
stampelle (f pl)	'okkāz (m)	عكّاز
analgesico (m)	mosakken (m)	مسكّن
lassativo (m)	molayen (m)	مليّن
alcol (m)	etanol (m)	إيثانول
erba (f) officinale	a'ʃāb ṭebbiya (pl)	أعشاب طبّية
d'erbe (infuso ~)	'oʃby	عشبي

APPARTAMENTO

68. Appartamento

appartamento (m)	ʃa''a (f)	شقّة
camera (f), stanza (f)	oḍa (f)	أوضة
camera (f) da letto	oḍet el nome (f)	أوضة النوم
sala (f) da pranzo	oḍet el sofra (f)	أوضة السفرة
salotto (m)	oḍet el esteqbāl (f)	أوضة الإستقبال
studio (m)	maktab (m)	مكتب
ingresso (m)	madχal (m)	مدخل
bagno (m)	ḥammām (m)	حمّام
gabinetto (m)	ḥammām (m)	حمّام
soffitto (m)	sa'f (m)	سقف
pavimento (m)	arḍiya (f)	أرضية
angolo (m)	zawya (f)	زاوية

69. Arredamento. Interno

mobili (m pl)	asās (m)	أثاث
tavolo (m)	maktab (m)	مكتب
sedia (f)	korsy (m)	كرسي
letto (m)	serīr (m)	سرير
divano (m)	kanaba (f)	كنبة
poltrona (f)	korsy (m)	كرسي
libreria (f)	χazzānet kotob (f)	خزّانة كتب
ripiano (m)	raff (m)	رفّ
armadio (m)	dolāb (m)	دولاب
attaccapanni (m) da parete	ʃammā'a (f)	شمّاعة
appendiabiti (m) da terra	ʃammā'a (f)	شمّاعة
comò (m)	dolāb adrāg (m)	دولاب أدراج
tavolino (m) da salotto	ṭarabeyzet el 'ahwa (f)	طرابيزة القهوة
specchio (m)	merāya (f)	مراية
tappeto (m)	seggāda (f)	سجّادة
tappetino (m)	seggāda (f)	سجّادة
camino (m)	daffāya (f)	دفّاية
candela (f)	ʃam'a (f)	شمعة
candeliere (m)	ʃam'adān (m)	شمعدان
tende (f pl)	satā'er (pl)	ستائر
carta (f) da parati	wara' ḥā'eṭ (m)	ورق حائط

tende (f pl) alla veneziana	satā'er ofoqiya (pl)	ستائر أفقيّة
lampada (f) da tavolo	abāʒūr (f)	اباجورة
lampada (f) da parete	lammbet ḥā'eṭ (f)	لمّبة حائط
lampada (f) a stelo	meṣbāḥ arḍy (m)	مصباح أرضي
lampadario (m)	nagafa (f)	نجفة
gamba (f)	regl (f)	رجل
bracciolo (m)	masnad (m)	مسند
spalliera (f)	masnad (m)	مسند
cassetto (m)	dorg (m)	درج

70. Biancheria da letto

biancheria (f) da letto	bayāḍāt el serīr (pl)	بياضات السرير
cuscino (m)	maχadda (f)	مخدّة
federa (f)	kīs el maχadda (m)	كيس المخدّة
coperta (f)	leḥāf (m)	لحاف
lenzuolo (m)	melāya (f)	ملاية
copriletto (m)	ɣaṭā' el serīr (m)	غطاء السرير

71. Cucina

cucina (f)	maṭbaχ (m)	مطبخ
gas (m)	ɣāz (m)	غاز
fornello (m) a gas	botoɣāz (m)	بوتوغاز
fornello (m) elettrico	forn kaharabā'y (m)	فرن كهربائي
forno (m)	forn (m)	فرن
forno (m) a microonde	mikroweyv (m)	ميكروويف
frigorifero (m)	tallāga (f)	ثلاجة
congelatore (m)	freyzer (m)	فريزر
lavastoviglie (f)	ɣassālet aṭbā' (f)	غسّالة أطباق
tritacarne (m)	farrāmet laḥm (f)	فرّامة لحم
spremifrutta (m)	'aṣṣāra (f)	عصّارة
tostapane (m)	maḥmaṣet χobz (f)	محمصة خبز
mixer (m)	χallāṭ (m)	خلّاط
macchina (f) da caffè	makinet ṣon' el 'ahwa (f)	ماكينة صنع القهوة
caffettiera (f)	ɣallāya kahraba'iya (f)	غلّاية القهوة
macinacaffè (m)	maṭ-ḥanet 'ahwa (f)	مطحنة قهوة
bollitore (m)	ɣallāya (f)	غلّاية
teiera (f)	barrād el ʃāy (m)	برّاد الشاي
coperchio (m)	ɣaṭā' (m)	غطاء
colino (m) da tè	maṣfāh el ʃāy (f)	مصفاة الشاي
cucchiaio (m)	ma'la'a (f)	معلقة
cucchiaino (m) da tè	ma'la'et ʃāy (f)	معلقة شاي
cucchiaio (m)	ma'la'a kebīra (f)	ملعقة كبيرة
forchetta (f)	ʃawka (f)	شوكة
coltello (m)	sekkīna (f)	سكّينة

stoviglie (f pl)	awāny (pl)	أواني
piatto (m)	ṭaba' (m)	طبق
piattino (m)	ṭaba' fengān (m)	طبق فنجان
cicchetto (m)	kāsa (f)	كاسة
bicchiere (m) (~ d'acqua)	kobbāya (f)	كوبّاية
tazzina (f)	fengān (m)	فنجان
zuccheriera (f)	sokkariya (f)	سكّريّة
saliera (f)	mamlaḥa (f)	مملحة
pepiera (f)	mobhera (f)	مبهرة
burriera (f)	ṭaba' zebda (m)	طبق زبدة
pentola (f)	ḥalla (f)	حلّة
padella (f)	ṭāsa (f)	طاسة
mestolo (m)	maɣrafa (f)	مغرفة
colapasta (m)	maṣfāh (f)	مصفاه
vassoio (m)	ṣeniya (f)	صينيّة
bottiglia (f)	ezāza (f)	إزازة
barattolo (m) di vetro	barṭamān (m)	برطمان
latta, lattina (f)	kanz (m)	كانز
apribottiglie (m)	fattāḥa (f)	فتّاحة
apriscatole (m)	fattāḥa (f)	فتّاحة
cavatappi (m)	barrīma (f)	بريّمة
filtro (m)	filter (m)	فلتر
filtrare (vt)	ṣaffa	صفّى
spazzatura (f)	zebāla (f)	زبالة
pattumiera (f)	ṣandū' el zebāla (m)	صندوق الزبالة

72. Bagno

bagno (m)	ḥammām (m)	حمّام
acqua (f)	meyāh (f)	مياه
rubinetto (m)	ḥanafiya (f)	حنفيّة
acqua (f) calda	maya soχna (f)	مايّة سخنة
acqua (f) fredda	maya barda (f)	مايّة باردة
dentifricio (m)	ma'gūn asnān (m)	معجون أسنان
lavarsi i denti	naḍḍaf el asnān	نظّف الأسنان
spazzolino (m) da denti	forʃet senān (f)	فرشة أسنان
rasarsi (vr)	ḥala'	حلق
schiuma (f) da barba	raɣwa lel ḥelā'a (f)	رغوة للحلاقة
rasoio (m)	mūs (m)	موس
lavare (vt)	ɣasal	غسل
fare un bagno	estaḥamma	إستحمّى
doccia (f)	doʃ (m)	دوش
fare una doccia	aχad doʃ	أخد دوش
vasca (f) da bagno	banyo (m)	بانيو
water (m)	twalet (m)	تواليت

lavandino (m)	ḥoḍe (m)	حوض
sapone (m)	ṣabūn (m)	صابون
porta (m) sapone	ṣabbāna (f)	صبّانة
spugna (f)	līfa (f)	ليفة
shampoo (m)	ʃambū (m)	شامبو
asciugamano (m)	fūṭa (f)	فوطة
accappatoio (m)	robe el ḥammām (m)	روب حمّام
bucato (m)	ɣasīl (m)	غسيل
lavatrice (f)	ɣassāla (f)	غسّالة
fare il bucato	ɣasal el malābes	غسل الملابس
detersivo (m) per il bucato	mas-ḥū' ɣasīl (m)	مسحوق غسيل

73. Elettrodomestici

televisore (m)	televizion (m)	تليفزيون
registratore (m) a nastro	gehāz tasgīl (m)	جهاز تسجيل
videoregistratore (m)	'āla tasgīl video (f)	آلة تسجيل فيديو
radio (f)	gehāz radio (m)	جهاز راديو
lettore (m)	blayer (m)	بليير
videoproiettore (m)	gehāz 'arḍ (m)	جهاز عرض
home cinema (m)	sinema manzeliya (f)	سينما منزليّة
lettore (m) DVD	dividī blayer (m)	دي في دي بلبير
amplificatore (m)	mokabbaer el ṣote (m)	مكبّر الصوت
console (f) video giochi	'ātāry (m)	أتاري
videocamera (f)	kamera video (f)	كاميرا فيديو
macchina (f) fotografica	kamera (f)	كاميرا
fotocamera (f) digitale	kamera diʒital (f)	كاميرا ديجيتال
aspirapolvere (m)	maknasa kahraba'iya (f)	مكنسة كهربائيّة
ferro (m) da stiro	makwa (f)	مكواة
asse (f) da stiro	lawḥet kayī (f)	لوحة كيّ
telefono (m)	telefon (m)	تليفون
telefonino (m)	mobile (m)	موبايل
macchina (f) da scrivere	'āla katba (f)	آلة كاتبة
macchina (f) da cucire	makanet el χeyāṭa (f)	مكنة الخياطة
microfono (m)	mikrofon (m)	ميكروفون
cuffia (f)	samma'āt ra'siya (pl)	سمّاعات رأسية
telecomando (m)	remowt kontrol (m)	ريموت كنترول
CD (m)	sidī (m)	سي دي
cassetta (f)	kasett (m)	كاسيت
disco (m) (vinile)	esṭewāna mūsīqa (f)	أسطوانة موسيقى

LA TERRA. TEMPO

74. L'Universo

cosmo (m)	faḍā' (m)	فضاء
cosmico, spaziale (agg)	faḍā'y	فضائي
spazio (m) cosmico	el faḍā' el χāregy (m)	الفضاء الخارجي
mondo (m)	'ālam (m)	عالم
universo (m)	el kōn (m)	الكون
galassia (f)	el magarra (f)	المجرّة
stella (f)	negm (m)	نجم
costellazione (f)	borg (m)	برج
pianeta (m)	kawwkab (m)	كوكب
satellite (m)	'amar ṣenā'y (m)	قمر صناعي
meteorite (m)	nayzek (m)	نيّزك
cometa (f)	mozannab (m)	مذنّب
asteroide (m)	kowaykeb (m)	كويكب
orbita (f)	madār (m)	مدار
ruotare (vi)	dār	دار
atmosfera (f)	el ɣelāf el gawwy (m)	الغلاف الجوّي
il Sole	el ʃams (f)	الشمس
sistema (m) solare	el magmū'a el ʃamsiya (f)	المجموعة الشمسيّة
eclisse (f) solare	kosūf el ʃams (m)	كسوف الشمس
la Terra	el arḍ (f)	الأرض
la Luna	el 'amar (m)	القمر
Marte (m)	el marrīχ (m)	المرّيخ
Venere (f)	el zahra (f)	الزهرة
Giove (m)	el moʃtary (m)	المشتري
Saturno (m)	zoḥḥol (m)	زحل
Mercurio (m)	'aṭāred (m)	عطارد
Urano (m)	uranus (m)	اورانوس
Nettuno (m)	nibtūn (m)	نبتون
Plutone (m)	bluto (m)	بلوتو
Via (f) Lattea	darb el tebbāna (m)	درب التبّانة
Orsa (f) Maggiore	el dobb el akbar (m)	الدب الأكبر
Stella (f) Polare	negm el 'oṭb (m)	نجم القطب
marziano (m)	sāken el marrīχ (m)	ساكن المرّيخ
extraterrestre (m)	faḍā'y (m)	فضائي
alieno (m)	kā'en faḍā'y (m)	كائن فضائي
disco (m) volante	ṭaba' ṭā'er (m)	طبق طائر
nave (f) spaziale	markaba faḍa'iya (f)	مركبة فضائية

stazione (f) spaziale	maḥaṭṭet faḍā' (f)	محطّة فضاء
lancio (m)	enṭelāq (m)	إنطلاق
motore (m)	motore (m)	موتور
ugello (m)	manfaθ (m)	منفث
combustibile (m)	woqūd (m)	وقود
cabina (f) di pilotaggio	kabīna (f)	كابينة
antenna (f)	hawā'y (m)	هوائي
oblò (m)	kowwa mostadīra (f)	كوّة مستديرة
batteria (f) solare	lawḥa ʃamsiya (f)	لوحة شمسيّة
scafandro (m)	badlet el faḍā' (f)	بدّلة الفضاء
imponderabilità (f)	en'edām wazn (m)	إنعدام الوزن
ossigeno (m)	oksiʒīn (m)	أوكسجين
aggancio (m)	rasw (m)	رسو
agganciarsi (vr)	rasa	رسى
osservatorio (m)	marṣad (m)	مرصد
telescopio (m)	teleskop (m)	تلسكوب
osservare (vt)	rāqab	راقب
esplorare (vt)	estakʃef	إستكشف

75. La Terra

la Terra	el arḍ (f)	الأرض
globo (m) terrestre	el kora el arḍiya (f)	الكرة الأرضيّة
pianeta (m)	kawwkab (m)	كوّكب
atmosfera (f)	el ɣelāf el gawwy (m)	الغلاف الجوّي
geografia (f)	goɣrafia (f)	جغرافيا
natura (f)	ṭabee'a (f)	طبيعة
mappamondo (m)	namūzag lel kora el arḍiya (m)	نموذج للكرة الأرضيّة
carta (f) geografica	χarīṭa (f)	خريطة
atlante (m)	aṭlas (m)	أطلس
Europa (f)	orobba (f)	أوروبّا
Asia (f)	asya (f)	آسيا
Africa (f)	afreqia (f)	أفريقيا
Australia (f)	ostorālya (f)	أستراليا
America (f)	amrīka (f)	أمريكا
America (f) del Nord	amrīka el ʃamaliya (f)	أمريكا الشماليّة
America (f) del Sud	amrīka el ganūbiya (f)	أمريكا الجنوبيّة
Antartide (f)	el qoṭb el ganūby (m)	القطب الجنوبي
Artico (m)	el qoṭb el ʃamāly (m)	القطب الشمالي

76. Punti cardinali

nord (m)	ʃemāl (m)	شمال
a nord	lel ʃamāl	للشمال

al nord	fel ʃamāl	في الشمال
del nord (agg)	ʃamāly	شمالي
sud (m)	ganūb (m)	جنوب
a sud	lel ganūb	للجنوب
al sud	fel ganūb	في الجنوب
del sud (agg)	ganūby	جنوبي
ovest (m)	ɣarb (m)	غرب
a ovest	lel ɣarb	للغرب
all'ovest	fel ɣarb	في الغرب
dell'ovest, occidentale	ɣarby	غربي
est (m)	ʃarʾ (m)	شرق
a est	lel ʃarʾ	للشرق
all'est	fel ʃarʾ	في الشرق
dell'est, orientale	ʃarʾy	شرقي

77. Mare. Oceano

mare (m)	baḥr (m)	بحر
oceano (m)	moḥīṭ (m)	محيط
golfo (m)	χalīg (m)	خليج
stretto (m)	maḍīq (m)	مضيق
terra (f) (terra firma)	barr (m)	برّ
continente (m)	qārra (f)	قارّة
isola (f)	gezīra (f)	جزيرة
penisola (f)	ʃebh gezeyra (f)	شبه جزيرة
arcipelago (m)	magmūʿet gozor (f)	مجموعة جزر
baia (f)	χalīg (m)	خليج
porto (m)	mināʾ (m)	ميناء
laguna (f)	lagūn (m)	لاجون
capo (m)	raʾs (m)	رأس
atollo (m)	gezīra morganiya estwaʾiya (f)	جزيرة مرجانيةّ إستوائيّة
scogliera (f)	ʃoʿāb (pl)	شعاب
corallo (m)	morgān (m)	مرجان
barriera (f) corallina	ʃoʿāb morganiya (pl)	شعاب مرجانية
profondo (agg)	ʿamīq	عميق
profondità (f)	ʿomq (m)	عمق
abisso (m)	el ʿomq el saḥīq (m)	العمق السحيق
fossa (f) (~ delle Marianne)	χondoq (m)	خندق
corrente (f)	tayār (m)	تيّار
circondare (vt)	ḥāṭ	حاط
litorale (m)	sāḥel (m)	ساحل
costa (f)	sāḥel (m)	ساحل
alta marea (f)	tayār (m)	تيّار
bassa marea (f)	gozor (m)	جزر

banco (m) di sabbia	meyāh ḍaḥla (f)	مياه ضحلة
fondo (m)	qāʿ (m)	قاع
onda (f)	mouga (f)	موجة
cresta (f) dell'onda	qemma (f)	قمّة
schiuma (f)	zabad el baḥr (m)	زبد البحر
tempesta (f)	ʿāṣefa (f)	عاصفة
uragano (m)	eʿṣār (m)	إعصار
tsunami (m)	tsunāmy (m)	تسونامي
bonaccia (f)	hodūʾ (m)	هدوء
tranquillo (agg)	hady	هادئ
polo (m)	ʾoṭb (m)	قطب
polare (agg)	ʾoṭby	قطبي
latitudine (f)	ʿarḍ (m)	عرض
longitudine (f)	χaṭṭ ṭūl (m)	خطّ طول
parallelo (m)	motawāz (m)	متواز
equatore (m)	χaṭṭ el estewāʾ (m)	خطّ الإستواء
cielo (m)	samāʾ (f)	سماء
orizzonte (m)	ofoq (m)	أفق
aria (f)	hawāʾ (m)	هواء
faro (m)	manāra (f)	منارة
tuffarsi (vr)	γāṣ	غاص
affondare (andare a fondo)	γereʾ	غرق
tesori (m)	konūz (pl)	كنوز

78. Nomi dei mari e degli oceani

Oceano (m) Atlantico	el moḥeyṭ el aṭlanṭy (m)	المحيط الأطلنطي
Oceano (m) Indiano	el moḥeyṭ el hendy (m)	المحيط الهندي
Oceano (m) Pacifico	el moḥeyṭ el hādy (m)	المحيط الهادي
mar (m) Glaciale Artico	el moḥeyṭ el motagammed el ʃamāly (m)	المحيط المتجمّد الشمالي
mar (m) Nero	el baḥr el aswad (m)	البحر الأسود
mar (m) Rosso	el baḥr el aḥmar (m)	البحر الأحمر
mar (m) Giallo	el baḥr el aṣfar (m)	البحر الأصفر
mar (m) Bianco	el baḥr el abyaḍ (m)	البحر الأبيض
mar (m) Caspio	baḥr qazwīn (m)	بحر قزوين
mar (m) Morto	el baḥr el mayet (m)	البحر الميّت
mar (m) Mediterraneo	el baḥr el abyaḍ el motawasseṭ (m)	البحر الأبيض المتوسط
mar (m) Egeo	baḥr eygah (m)	بحر إيجة
mar (m) Adriatico	el baḥr el adreyatīky (m)	البحر الأدرياتيكي
mar (m) Arabico	baḥr el ʿarab (m)	بحر العرب
mar (m) del Giappone	baḥr el yabān (m)	بحر اليابان
mare (m) di Bering	baḥr bering (m)	بحر بيرينغ

mar (m) Cinese meridionale	bahr el şeyn el ganūby (m)	بحر الصين الجنوبي
mar (m) dei Coralli	baḥr el morgān (m)	بحر المرجان
mar (m) di Tasman	baḥr tazman (m)	بحر تسمان
mar (m) dei Caraibi	el baḥr el karīby (m)	البحر الكاريبي
mare (m) di Barents	baḥr barents (m)	بحر بارنتس
mare (m) di Kara	baḥr kara (m)	بحر كارا
mare (m) del Nord	baḥr el ʃamāl (m)	بحر الشمال
mar (m) Baltico	baḥr el balṭīq (m)	بحر البلطيق
mare (m) di Norvegia	baḥr el nerwīg (m)	بحر النرويج

79. Montagne

monte (m), montagna (f)	gabal (m)	جبل
catena (f) montuosa	selselet gebāl (f)	سلسلة جبال
crinale (m)	noṭū' el gabal (m)	نتوء الجبل
cima (f)	qemma (f)	قمّة
picco (m)	qemma (f)	قمّة
piedi (m pl)	asfal (m)	أسفل
pendio (m)	monḥadar (m)	منحدر
vulcano (m)	borkān (m)	بركان
vulcano (m) attivo	borkān naʃeṭ (m)	بركان نشط
vulcano (m) inattivo	borkān χāmed (m)	بركان خامد
eruzione (f)	sawarān (m)	ثوّران
cratere (m)	fawhet el borkān (f)	فوهة البركان
magma (m)	magma (f)	ماجما
lava (f)	ḥomam borkāniya (pl)	حمم بركانية
fuso (lava ~a)	monṣahera	منصهرة
canyon (m)	wādy ḍaye' (m)	وادي ضيّق
gola (f)	mamarr ḍaye' (m)	ممرّ ضيّق
crepaccio (m)	ʃa'' (m)	شقّ
precipizio (m)	hāwya (f)	هاوية
passo (m), valico (m)	mamarr gabaly (m)	ممرّ جبلي
altopiano (m)	haḍaba (f)	هضبة
falesia (f)	garf (m)	جرف
collina (f)	tall (m)	تلّ
ghiacciaio (m)	nahr galīdy (m)	نهر جليدي
cascata (f)	ʃallāl (m)	شلّال
geyser (m)	nab' maya ḥāra (m)	نبع ميّة حارة
lago (m)	boḥeyra (f)	بحيرة
pianura (f)	sahl (m)	سهل
paesaggio (m)	manzar ṭabee'y (m)	منظر طبيعي
eco (f)	ṣada (m)	صدى
alpinista (m)	motasalleq el gebāl (m)	متسلّق الجبال
scalatore (m)	motasalleq ṣoχūr (m)	متسلّق صخور

conquistare (~ una cima)	taɣallab 'ala	تغلّب على
scalata (f)	tasalloq (m)	تسلّق

80. Nomi delle montagne

Alpi (f pl)	gebāl el alb (pl)	جبال الألب
Monte (m) Bianco	mōn blōn (m)	مون بلون
Pirenei (m pl)	gebāl el barānes (pl)	جبال البرانس
Carpazi (m pl)	gebāl el karbāt (pl)	جبال الكاربات
gli Urali (m pl)	gebāl el urāl (pl)	جبال الأورال
Caucaso (m)	gebāl el qoqāz (pl)	جبال القوقاز
Monte (m) Elbrus	gabal elbrus (m)	جبل إلبروس
Monti (m pl) Altai	gebāl altāy (pl)	جبال ألتاي
Tien Shan (m)	gebāl tian ʃan (pl)	جبال تيان شان
Pamir (m)	gebāl bamir (pl)	جبال بامير
Himalaia (m)	himalāya (pl)	هيمالايا
Everest (m)	gabal everest (m)	جبل افرست
Ande (f pl)	gebāl el andīz (pl)	جبال الأنديز
Kilimangiaro (m)	gabal kilimanʒaro (m)	جبل كليمنجارو

81. Fiumi

fiume (m)	nahr (m)	نهر
fonte (f) (sorgente)	'eyn (m)	عين
letto (m) (~ del fiume)	magra el nahr (m)	مجرى النهر
bacino (m)	ḥoḍe (m)	حوض
sfociare nel ...	ṣabb fe ...	صبّ في...
affluente (m)	rāfed (m)	رافد
riva (f)	ḍaffa (f)	ضفّة
corrente (f)	tayār (m)	تيّار
a valle	ma' ettigāh magra el nahr	مع إتّجاه مجرى النهر
a monte	ḍed el tayār	ضد التيار
inondazione (f)	ɣamr (m)	غمر
piena (f)	fayaḍān (m)	فيضان
straripare (vi)	fāḍ	فاض
inondare (vt)	ɣamar	غمر
secca (f)	meyāh ḍaḥla (f)	مياه ضحلة
rapida (f)	monḥadar el nahr (m)	منحدر النهر
diga (f)	sadd (m)	سدّ
canale (m)	qanah (f)	قناة
bacino (m) di riserva	χazzān mā'y (m)	خزّان مائي
chiusa (f)	bawwāba qanṭara (f)	بوّابة قنطرة
specchio (m) d'acqua	berka (f)	بركة
palude (f)	mostanqa' (m)	مستنقع

pantano (m)	mostanqa' (m)	مستنقع
vortice (m)	dawwāma (f)	دوّامة
ruscello (m)	gadwal (m)	جدوّل
potabile (agg)	el ʃorb	الشرب
dolce (di acqua ~)	'azb	عذب
ghiaccio (m)	galīd (m)	جليد
ghiacciarsi (vr)	etgammed	إتجمّد

82. Nomi dei fiumi

Senna (f)	el seyn (m)	السين
Loira (f)	el lua:r (m)	اللوار
Tamigi (m)	el teymz (m)	التيمز
Reno (m)	el rayn (m)	الراين
Danubio (m)	el danūb (m)	الدانوب
Volga (m)	el volga (m)	الفولغا
Don (m)	el done (m)	الدون
Lena (f)	lena (m)	لينا
Fiume (m) Giallo	el nahr el aṣfar (m)	النهر الأصفر
Fiume (m) Azzurro	el yangesty (m)	اليانغستي
Mekong (m)	el mekong (m)	الميكونغ
Gange (m)	el ɣang (m)	الغانج
Nilo (m)	el nīl (m)	النيل
Congo (m)	el kongo (m)	الكونغو
Okavango	okavango (m)	أوكافانجو
Zambesi (m)	el zambizi (m)	الزمبيزي
Limpopo (m)	limbobo (m)	ليمبوبو
Mississippi (m)	el mississibbi (m)	الميسيسيبي

83. Foresta

foresta (f)	ɣāba (f)	غابة
forestale (agg)	ɣāba	غابة
foresta (f) fitta	ɣāba kasīfa (f)	غابة كثيفة
boschetto (m)	bostān (m)	بستان
radura (f)	ezālet el ɣābāt (f)	إزالة الغابات
roveto (m)	agama (f)	أجمة
boscaglia (f)	arāḍy el ʃogayrāt (pl)	أراضي الشجيرات
sentiero (m)	mamarr (m)	ممرّ
calanco (m)	wādy ḍaye' (m)	وادي ضيّق
albero (m)	ʃagara (f)	شجرة
foglia (f)	wara'a (f)	ورقة

fogliame (m)	wara' (m)	ورق
caduta (f) delle foglie	tasā'oṭ el awrā' (m)	تساقط الأوراق
cadere (vi)	saqaṭ	سقط
cima (f)	ra's (m)	رأس
ramo (m), ramoscello (m)	ɣoṣn (m)	غصن
ramo (m)	ɣoṣn ra'īsy (m)	غصن رئيسي
gemma (f)	bor'om (m)	برعم
ago (m)	ʃawka (f)	شوكة
pigna (f)	kūz el ṣnowbar (m)	كوز الصنوبر
cavità (f)	gofe (m)	جوف
nido (m)	'eʃ (m)	عش
tana (f) (del fox, ecc.)	goḥr (m)	جحر
tronco (m)	gez' (m)	جذع
radice (f)	gezr (m)	جذر
corteccia (f)	leḥā' (m)	لحاء
musco (m)	ṭaḥlab (m)	طحلب
sradicare (vt)	eqtala'	إقتلع
abbattere (~ un albero)	'aṭṭa'	قطّع
disboscare (vt)	azāl el ɣabāt	أزال الغابات
ceppo (m)	gez' el ʃagara (m)	جذع الشجرة
falò (m)	nār moχayem (m)	نار مخيّم
incendio (m) boschivo	ḥarī' ɣāba (m)	حريق غابة
spegnere (vt)	ṭaffa	طفّى
guardia (f) forestale	ḥāres el ɣāba (m)	حارس الغابة
protezione (f)	ḥemāya (f)	حماية
proteggere (~ la natura)	ḥama	حمى
bracconiere (m)	sāre' el ṣeyd (m)	سارق الصيد
tagliola (f) (~ per orsi)	maṣyada (f)	مصيدة
raccogliere (vt)	gamma'	جمّع
perdersi (vr)	tāh	تاه

84. Risorse naturali

risorse (f pl) naturali	sarawāt ṭabī'iya (pl)	ثروات طبيعيّة
minerali (m pl)	ma'āden (pl)	معادن
deposito (m) (~ di carbone)	rawāseb (pl)	رواسب
giacimento (m) (~ petrolifero)	ḥaql (m)	حقل
estrarre (vt)	estaχrag	إستخرج
estrazione (f)	esteχrāg (m)	إستخراج
minerale (m) grezzo	χām (m)	خام
miniera (f)	mangam (m)	منجم
pozzo (m) di miniera	mangam (m)	منجم
minatore (m)	'āmel mangam (m)	عامل منجم
gas (m)	ɣāz (m)	غاز
gasdotto (m)	χaṭṭ anabīb ɣāz (m)	خطّ أنابيب غاز

petrolio (m)	nafṭ (m)	نفط
oleodotto (m)	anabīb el nafṭ (pl)	أنابيب النفط
torre (f) di estrazione	bīr el nafṭ (m)	بير النفط
torre (f) di trivellazione	ḥaffāra (f)	حفّارة
petroliera (f)	nāqelet betrūl (f)	ناقلة بترول
sabbia (f)	raml (m)	رمل
calcare (m)	ḥagar el kals (m)	حجر الكلس
ghiaia (f)	ḥaṣa (m)	حصى
torba (f)	χaθ faḥm nabāty (m)	خث فحم نباتي
argilla (f)	ṭīn (m)	طين
carbone (m)	faḥm (m)	فحم
ferro (m)	ḥadīd (m)	حديد
oro (m)	dahab (m)	ذهب
argento (m)	faḍḍa (f)	فضّة
nichel (m)	nikel (m)	نيكل
rame (m)	neḥās (m)	نحاس
zinco (m)	zink (m)	زنك
manganese (m)	manganīz (m)	منجنيز
mercurio (m)	ze'baq (m)	زئبق
piombo (m)	roṣāṣ (m)	رصاص
minerale (m)	ma'dan (m)	معدن
cristallo (m)	kristāl (m)	كريستال
marmo (m)	roχām (m)	رخام
uranio (m)	yuranuim (m)	يورانيوم

85. Tempo

tempo (m)	ṭa's (m)	طقس
previsione (f) del tempo	naʃra gawiya (f)	نشرة جويّة
temperatura (f)	ḥarāra (f)	حرارة
termometro (m)	termometr (m)	ترمومتر
barometro (m)	barometr (m)	بارومتر
umido (agg)	roṭob	رطب
umidità (f)	roṭūba (f)	رطوبة
caldo (m), afa (f)	ḥarāra (f)	حرارة
molto caldo (agg)	ḥarr	حارّ
fa molto caldo	el gaww ḥarr	الجوّ حرّ
fa caldo	el gaww dafa	الجوّ دفا
caldo, mite (agg)	dāfe'	دافئ
fa freddo	el gaww bāred	الجوّ بارد
freddo (agg)	bāred	بارد
sole (m)	ʃams (f)	شمس
splendere (vi)	nawwar	نوّر
di sole (una giornata ~)	moʃmes	مشمس
sorgere, levarsi (vr)	ʃara'	شرق
tramontare (vi)	ɣarab	غرب

nuvola (f)	saḥāba (f)	سَحابة
nuvoloso (agg)	meɣayem	مغيَّم
nube (f) di pioggia	saḥābet maṭar (f)	سَحابة مطر
nuvoloso (agg)	meɣayem	مغيَّم
pioggia (f)	maṭar (m)	مطر
piove	el donia betmaṭṭar	الدنيا بتمطَر
piovoso (agg)	momṭer	ممطِر
piovigginare (vi)	maṭṭaret razāz	مطَرت رذاذ
pioggia (f) torrenziale	maṭar monhamer (f)	مطر منهمر
acquazzone (m)	maṭar ɣazīr (m)	مطر غزير
forte (una ~ pioggia)	ʃedīd	شديد
pozzanghera (f)	berka (f)	بركة
bagnarsi (~ sotto la pioggia)	ettbal	إتْبل
foschia (f), nebbia (f)	ʃabbūra (f)	شبّورة
nebbioso (agg)	fih ʃabbūra	فيه شبّورة
neve (f)	talg (m)	ثلج
nevica	fih talg	فيه ثلج

86. Rigide condizioni metereologiche. Disastri naturali

temporale (m)	ʿāṣefa raʿdiya (f)	عاصفة رعدية
fulmine (f)	barʾ (m)	برق
lampeggiare (vi)	baraq	برق
tuono (m)	raʿd (m)	رعد
tuonare (vi)	dawa	دوَى
tuona	el samāʾ dawat raʿd (f)	السماء دوَت رعد
grandine (f)	maṭar bard (m)	مطر برد
grandina	maṭṭaret bard	مطَرت برد
inondare (vt)	ɣamar	غمر
inondazione (f)	fayaḍān (m)	فيضان
terremoto (m)	zelzāl (m)	زلزال
scossa (f)	hazza arḍiya (f)	هزّة أرضية
epicentro (m)	markaz el zelzāl (m)	مركز الزلزال
eruzione (f)	sawarān (m)	ثوَران
lava (f)	ḥomam borkāniya (pl)	حمم بركانية
tromba (f), tornado (m)	eʿṣār (m)	إعصار
tifone (m)	tyfūn (m)	طوفان
uragano (m)	eʿṣār (m)	إعصار
tempesta (f)	ʿāṣefa (f)	عاصفة
tsunami (m)	tsunāmy (m)	تسونامي
ciclone (m)	eʿṣār (m)	إعصار
maltempo (m)	ṭaʾs sayeʾ (m)	طقس سئ
incendio (m)	ḥarīʾ (m)	حريق

disastro (m)	karsa (f)	كارثة
meteorite (m)	nayzek (m)	نيّزك
valanga (f)	enheyār talgy (m)	إنهيار ثلجي
slavina (f)	enheyār talgy (m)	إنهيار ثلجي
tempesta (f) di neve	'āṣefa talgiya (f)	عاصفة ثلجيّة
bufera (f) di neve	'āṣefa talgiya (f)	عاصفة ثلجيّة

FAUNA

87. Mammiferi. Predatori

predatore (m)	moftares (m)	مفترس
tigre (f)	nemr (m)	نمر
leone (m)	asad (m)	أسد
lupo (m)	ze'b (m)	ذئب
volpe (m)	ta'lab (m)	ثعلب
giaguaro (m)	nemr amrīky (m)	نمر أمريكي
leopardo (m)	fahd (m)	فهد
ghepardo (m)	fahd ṣayād (m)	فهد صيّاد
pantera (f)	nemr aswad (m)	نمر أسوّد
puma (f)	asad el gebāl (m)	أسد الجبال
leopardo (m) delle nevi	nemr el tolūg (m)	نمر الثلوج
lince (f)	waʃaq (m)	وشق
coyote (m)	qayūṭ (m)	قيوط
sciacallo (m)	ebn 'āwy (m)	ابن آوى
iena (f)	ḍeb' (m)	ضبع

88. Animali selvatici

animale (m)	ḥayawān (m)	حيوان
bestia (f)	waḥʃ (m)	وحش
scoiattolo (m)	sengāb (m)	سنجاب
riccio (m)	qonfoz (m)	قنفذ
lepre (f)	arnab barry (m)	أرنب برّي
coniglio (m)	arnab (m)	أرنب
tasso (m)	ɣarīr (m)	غرير
procione (f)	rakūn (m)	راكون
criceto (m)	hamster (m)	هامستر
marmotta (f)	marmoṭ (m)	مرموط
talpa (f)	χold (m)	خلد
topo (m)	fār (m)	فأر
ratto (m)	gerz (m)	جرذ
pipistrello (m)	χoffāʃ (m)	خفّاش
ermellino (m)	qāqem (m)	قاقم
zibellino (m)	sammūr (m)	سمّور
martora (f)	fara'īāt (m)	فرائيات
donnola (f)	ebn 'ers (m)	ابن عرس
visone (m)	mink (m)	منك

castoro (m)	qondos (m)	قندس
lontra (f)	ta'lab maya (m)	ثعلب الميّة
cavallo (m)	ḥoṣān (m)	حصان
alce (m)	eyl el mūz (m)	أيّل الموظ
cervo (m)	ayl (m)	أيل
cammello (m)	gamal (m)	جمل
bisonte (m) americano	bison (m)	بيسون
bisonte (m) europeo	byson orobby (m)	بيسون أوروبي
bufalo (m)	gamūs (m)	جاموس
zebra (f)	ḥomār waḥʃy (m)	حمار وحشي
antilope (f)	ẓaby (m)	ظبي
capriolo (m)	yaḥmūr orobby (m)	يحمورأوروبي
daino (m)	eyl asmar orobby (m)	أيّل أسمر أوروبي
camoscio (m)	ʃamwah (f)	شاموا ه
cinghiale (m)	χenzīr barry (m)	خنزير برّي
balena (f)	ḥūt (m)	حوت
foca (f)	foqma (f)	فقمة
tricheco (m)	el kab' (m)	الكبع
otaria (f)	foqmet el farā' (f)	فقمة الفراء
delfino (m)	dolfīn (m)	دولفين
orso (m)	dobb (m)	دبّ
orso (m) bianco	dobb 'oṭṭby (m)	دبّ قطبي
panda (m)	banda (m)	باندا
scimmia (f)	'erd (m)	قرد
scimpanzè (m)	ʃimbanzy (m)	شيمبانزي
orango (m)	orangutan (m)	أورنغوتان
gorilla (m)	ɣorella (f)	غوريلا
macaco (m)	'erd el makāk (m)	قرد المكاك
gibbone (m)	gibbon (m)	جيبون
elefante (m)	fīl (m)	فيل
rinoceronte (m)	χartīt (m)	خرتيت
giraffa (f)	zarāfa (f)	زرافة
ippopotamo (m)	faras el nahr (m)	فرس النهر
canguro (m)	kangarū (m)	كانجارو
koala (m)	el koala (m)	الكوالا
mangusta (f)	nems (m)	نمس
cincillà (f)	ʃenʃila (f)	شنشيلة
moffetta (f)	ẓerbān (m)	ظربان
istrice (m)	nīṣ (m)	نيص

89. Animali domestici

gatta (f)	'oṭṭa (f)	قطّة
gatto (m)	'oṭṭ (m)	قطّ
cane (m)	kalb (m)	كلب

cavallo (m)	ḥoṣān (m)	حصان
stallone (m)	χeyl faḥl (m)	خيل فحل
giumenta (f)	faras (f)	فرس
mucca (f)	ba'ara (f)	بقرة
toro (m)	sore (m)	ثور
bue (m)	sore (m)	ثور
pecora (f)	χarūf (f)	خروف
montone (m)	kebʃ (m)	كبش
capra (f)	meʿza (f)	معزة
caprone (m)	māʿez zakar (m)	ماعز ذكر
asino (m)	ḥomār (m)	حمار
mulo (m)	baɣl (m)	بغل
porco (m)	χenzīr (m)	خنزير
porcellino (m)	χannūṣ (m)	خنّوص
coniglio (m)	arnab (m)	أرنب
gallina (f)	farχa (f)	فرخة
gallo (m)	dīk (m)	ديك
anatra (f)	baṭṭa (f)	بطّة
maschio (m) dell'anatra	dakar el baṭṭ (m)	ذكر البط
oca (f)	wezza (f)	وزّة
tacchino (m)	dīk rūmy (m)	ديك رومي
tacchina (f)	dīk rūmy (m)	ديك رومي
animali (m pl) domestici	ḥayawānāt dawāgen (pl)	حيوانات دواجن
addomesticato (agg)	alīf	أليف
addomesticare (vt)	rawweḍ	روّض
allevare (vt)	rabba	ربى
fattoria (f)	mazraʿa (f)	مزرعة
pollame (m)	dawāgen (pl)	دواجن
bestiame (m)	māʃeya (f)	ماشية
branco (m), mandria (f)	qaṭeeʿ (m)	قطيع
scuderia (f)	esṭabl χeyl (m)	إسطبل خيل
porcile (m)	ḥazīret χanazīr (f)	حظيرة الخنازير
stalla (f)	zerībet el ba'ar (f)	زريبة البقر
conigliera (f)	qan el arāneb (m)	قن الأرانب
pollaio (m)	qan el ferāχ (m)	قن الفراخ

90. Uccelli

uccello (m)	ṭā'er (m)	طائر
colombo (m), piccione (m)	ḥamāma (f)	حمامة
passero (m)	ʿaṣfūr dawri (m)	عصفور دوري
cincia (f)	qarqaf (m)	قرقف
gazza (f)	ʿa'ʿa' (m)	عقعق
corvo (m)	ɣorāb aswad (m)	غراب أسود

cornacchia (f)	ɣorāb (m)	غراب
taccola (f)	zāɣ zar'y (m)	زاغ زرعي
corvo (m) nero	ɣorāb el qeyẓ (m)	غراب القيظ
anatra (f)	baṭṭa (f)	بطّة
oca (f)	wezza (f)	وزّة
fagiano (m)	tadarrog (m)	تدرج
aquila (f)	'eqāb (m)	عقاب
astore (m)	el bāz (m)	الباز
falco (m)	ṣa'r (m)	صقر
grifone (m)	nesr (m)	نسر
condor (m)	kondor (m)	كندور
cigno (m)	el temm (m)	التمّ
gru (f)	karkiya (m)	كركية
cicogna (f)	loqloq (m)	لقلق
pappagallo (m)	babaɣā' (m)	ببغاء
colibrì (m)	ṭannān (m)	طنّان
pavone (m)	ṭawūs (m)	طاووس
struzzo (m)	na'āma (f)	نعامة
airone (m)	belʃone (m)	بلشون
fenicottero (m)	flamingo (m)	فلامينجو
pellicano (m)	bag'a (f)	بجعة
usignolo (m)	'andalīb (m)	عندليب
rondine (f)	el sonūnū (m)	السنونو
tordo (m)	somnet el ḥoqūl (m)	سمنة الحقول
tordo (m) sasello	somna moɣarreda (m)	سمنة مغرّدة
merlo (m)	ʃaḥrūr aswad (m)	شحرور أسود
rondone (m)	semmāma (m)	سمّامة
allodola (f)	qabra (f)	قبرة
quaglia (f)	semmān (m)	سمّان
picchio (m)	na'ār el χaʃab (m)	نقار الخشب
cuculo (m)	weqwāq (m)	وقواق
civetta (f)	būma (f)	بومة
gufo (m) reale	būm orāsy (m)	بوم أوراسي
urogallo (m)	dīk el χalang (m)	ديك الخلنج
fagiano (m) di monte	ṭyhūg aswad (m)	طيهوج أسوّد
pernice (f)	el ḥagal (m)	الحجل
storno (m)	zerzūr (m)	زرزور
canarino (m)	kanāry (m)	كناري
francolino (m) di monte	ṭyhūg el bondo' (m)	طيهوج البندق
fringuello (m)	ʃarʃūr (m)	شرشور
ciuffolotto (m)	deɣnāʃ (m)	دغناش
gabbiano (m)	nawras (m)	نورس
albatro (m)	el qoṭros (m)	القطرس
pinguino (m)	beṭrīq (m)	بطريق

91. Pesci. Animali marini

abramide (f)	abramīs (m)	أبراميس
carpa (f)	ʃabbūṭ (m)	شبّوط
perca (f)	farχ (m)	فرخ
pesce (m) gatto	'armūṭ (m)	قرموط
luccio (m)	karāky (m)	كراكي
salmone (m)	salamon (m)	سلمون
storione (m)	ḥafʃ (m)	حفش
aringa (f)	renga (f)	رنجة
salmone (m)	salamon aṭlasy (m)	سلمون أطلسي
scombro (m)	makerel (m)	ماكريل
sogliola (f)	samak mefalṭah (f)	سمك مفلطح
lucioperca (f)	samak sandar (m)	سمك سندر
merluzzo (m)	el qadd (m)	القد
tonno (m)	tuna (f)	تونة
trota (f)	salamon mera''aṭ (m)	سلمون مرقّط
anguilla (f)	ḥankalīs (m)	حنكليس
torpedine (f)	ra'ād (m)	رعاد
murena (f)	moraya (f)	مورايية
piranha (f)	bīrana (f)	بيرانا
squalo (m)	'erʃ (m)	قرش
delfino (m)	dolfīn (m)	دولفين
balena (f)	ḥūt (m)	حوت
granchio (m)	kaboria (m)	كابوريا
medusa (f)	'andīl el baḥr (m)	قنديل البحر
polpo (m)	aχṭabūṭ (m)	أخطبوط
stella (f) marina	negmet el baḥr (f)	نجمة البحر
riccio (m) di mare	qonfoz el baḥr (m)	قنفذ البحر
cavalluccio (m) marino	ḥoṣān el baḥr (m)	حصان البحر
ostrica (f)	maḥār (m)	محار
gamberetto (m)	gammbary (m)	جمّبري
astice (m)	estakoza (f)	استكوزا
aragosta (f)	estakoza (m)	استاكوزا

92. Anfibi. Rettili

serpente (m)	te'bān (m)	ثعبان
velenoso (agg)	sām	سام
vipera (f)	af'a (f)	أفعى
cobra (m)	kobra (m)	كوبرا
pitone (m)	te'bān byton (m)	ثعبان بايثون
boa (m)	bawā' el 'aṣera (f)	بواء العاصرة
biscia (f)	te'bān el 'oʃb (m)	ثعبان العشب

serpente (m) a sonagli	af'a megalgela (f)	أفعى مجلجلة
anaconda (f)	anakonda (f)	أناكوندا
lucertola (f)	seḥliya (f)	سحليّة
iguana (f)	eɣwana (f)	إغوانة
varano (m)	warl (m)	ورل
salamandra (f)	salamander (m)	سلمندر
camaleonte (m)	ḥerbāya (f)	حرباية
scorpione (m)	'a'rab (m)	عقرب
tartaruga (f)	solḥefah (f)	سلحفاة
rana (f)	ḍeffḍa' (m)	ضفدع
rospo (m)	ḍeffḍa' el ṭeyn (m)	ضفدع الطين
coccodrillo (m)	temsāḥ (m)	تمساح

93. Insetti

insetto (m)	ḥaʃara (f)	حشرة
farfalla (f)	farāʃa (f)	فراشة
formica (f)	namla (f)	نملة
mosca (f)	debbāna (f)	دبّانة
zanzara (f)	namūsa (f)	ناموسة
scarabeo (m)	χonfesa (f)	خنفسة
vespa (f)	dabbūr (m)	دبّور
ape (f)	naḥla (f)	نحلة
bombo (m)	naḥla ṭannāna (f)	نحلة طنّانة
tafano (m)	na'ra (f)	نعرة
ragno (m)	'ankabūt (m)	عنكبوت
ragnatela (f)	nasīg 'ankabūt (m)	نسيج عنكبوت
libellula (f)	ya'sūb (m)	يعسوب
cavalletta (f)	garād (m)	جراد
farfalla (f) notturna	'etta (f)	عثّة
scarafaggio (m)	ṣarṣūr (m)	صرصور
zecca (f)	qarāda (f)	قرادة
pulce (f)	barɣūt (m)	برغوث
moscerino (m)	ba'ūḍa (f)	بعوضة
locusta (f)	garād (m)	جراد
lumaca (f)	ḥalazōn (m)	حلزون
grillo (m)	ṣarṣūr el ḥaql (m)	صرصور الحقل
lucciola (f)	yarā'a (f)	يراعة
coccinella (f)	χonfesa mena''ta (f)	خنفسة منقّطة
maggiolino (m)	χonfesa motlefa lel nabāt (f)	خنفسة متّلفة للنبات
sanguisuga (f)	'alaqa (f)	علقة
bruco (m)	yasrū' (m)	يسروع
verme (m)	dūda (f)	دودة
larva (f)	yaraqa (f)	يرقة

FLORA

94. Alberi

albero (m)	ʃagara (f)	شجرة
deciduo (agg)	nafḍiya	نفضيّة
conifero (agg)	ṣonoberiya	صنوبرية
sempreverde (agg)	dā'emet el χoḍra	دائمة الخضرة
melo (m)	ʃagaret toffāḥ (f)	شجرة تفّاح
pero (m)	ʃagaret komettra (f)	شجرة كمثّرى
ciliegio (m), amareno (m)	ʃagaret karaz (f)	شجرة كرز
prugno (m)	ʃagaret bar'ū' (f)	شجرة برقوق
betulla (f)	batola (f)	بتولا
quercia (f)	ballūṭ (f)	بلّوط
tiglio (m)	zayzafūn (f)	زيزفون
pioppo (m) tremolo	ḥūr rāgef	حور راجف
acero (m)	qayqab (f)	قيقب
abete (m)	rateng (f)	راتينج
pino (m)	ṣonober (f)	صنوبر
larice (m)	arziya (f)	أرزية
abete (m) bianco	tanūb (f)	تنوب
cedro (m)	el orz (f)	الأرز
pioppo (m)	ḥūr (f)	حور
sorbo (m)	ɣobayrā' (f)	غبيراء
salice (m)	ṣefsāf (f)	صفصاف
alno (m)	gār el mā' (m)	جار الماء
faggio (m)	el zān (f)	الزان
olmo (m)	derdar (f)	دردار
frassino (m)	marān (f)	مران
castagno (m)	kastanā' (f)	كستناء
magnolia (f)	maɣnolia (f)	ماغنوليا
palma (f)	naχla (f)	نخلة
cipresso (m)	el soro (f)	السرو
mangrovia (f)	mangrūf (f)	مانجروف
baobab (m)	baobab (f)	باوباب
eucalipto (m)	eukalyptus (f)	أوكالبتوس
sequoia (f)	sequoia (f)	سيكويا

95. Arbusti

cespuglio (m)	ʃogeyra (f)	شجيرة
arbusto (m)	ʃogayrāt (pl)	شجيرات

vite (f)	karma (f)	كرمة
vigneto (m)	karam (m)	كرم
lampone (m)	zar'et tūt el 'alī' el aḥmar (f)	زرعة توت العليق الأحمر
ribes (m) rosso	keʃmeʃ aḥmar (m)	كشمش أحمر
uva (f) spina	'enab el sa'lab (m)	عنب الثعلب
acacia (f)	aqaqia (f)	أقاقيا
crespino (m)	berbarīs (m)	برباريس
gelsomino (m)	yasmīn (m)	ياسمين
ginepro (m)	'ar'ar (m)	عرعر
roseto (m)	ʃogeyret ward (f)	شجيرة ورد
rosa (f) canina	ward el seyāg (pl)	ورد السياج

96. Frutti. Bacche

frutto (m)	tamra (f)	تمرة
frutti (m pl)	tamr (m)	تمر
mela (f)	toffāḥa (f)	تفّاحة
pera (f)	komettra (f)	كمّثرى
prugna (f)	bar'ū' (m)	برقوق
fragola (f)	farawla (f)	فراولة
amarena (f), ciliegia (f)	karaz (m)	كرز
uva (f)	'enab (m)	عنب
lampone (m)	tūt el 'alī' el aḥmar (m)	توت العليق الأحمر
ribes (m) nero	keʃmeʃ aswad (m)	كشمش أسود
ribes (m) rosso	keʃmeʃ aḥmar (m)	كشمش أحمر
uva (f) spina	'enab el sa'lab (m)	عنب الثعلب
mirtillo (m) di palude	'enabiya ḥāda el χebā' (m)	عنبية حادة الخباء
arancia (f)	bortoqāl (m)	برتقال
mandarino (m)	yosfy (m)	يوسفي
ananas (m)	ananās (m)	أناناس
banana (f)	moze (m)	موز
dattero (m)	tamr (m)	تمر
limone (m)	lymūn (m)	ليمون
albicocca (f)	meʃmeʃ (f)	مشمش
pesca (f)	χawχa (f)	خوخة
kiwi (m)	kiwi (m)	كيوي
pompelmo (m)	grabe frūt (m)	جريب فروت
bacca (f)	tūt (m)	توت
bacche (f pl)	tūt (pl)	توت
mirtillo (m) rosso	'enab el sore (m)	عنب الثور
fragola (f) di bosco	farawla barriya (f)	فراولة بريّة
mirtillo (m)	'enab al aḥrāg (m)	عنب الأحراج

97. Fiori. Piante

fiore (m)	zahra (f)	زهرة
mazzo (m) di fiori	bokeyh (f)	بوكيه
rosa (f)	warda (f)	وردة
tulipano (m)	tolīb (f)	توليب
garofano (m)	'oronfol (m)	قرنفل
gladiolo (m)	el dalbūs (f)	الدَلَبُوث
fiordaliso (m)	qanṭeryūn ʿanbary (m)	قنطريون عنبري
campanella (f)	garīs mostadīr el awrā' (m)	جريس مستدير الأوراق
soffione (m)	handabā' (f)	هندباء
camomilla (f)	kamomile (f)	كاموميل
aloe (m)	el alowa (m)	الألوّة
cactus (m)	ṣabbār (m)	صبّار
ficus (m)	faykas (m)	فيكس
giglio (m)	zanbaq (f)	زنبق
geranio (m)	ɣarnūqy (f)	غرنوقي
giacinto (m)	el lavender (f)	اللافندر
mimosa (f)	mimoza (f)	ميموزا
narciso (m)	nerges (f)	نرجس
nasturzio (m)	abo χangar (f)	أبو خنجر
orchidea (f)	orkid (f)	أوركيد
peonia (f)	fawnia (f)	فاوانيا
viola (f)	el banafseg (f)	البنفسج
viola (f) del pensiero	bansy (f)	بانسي
nontiscordardimé (m)	'āzān el fa'r (pl)	آذان الفأر
margherita (f)	aqwaḥān (f)	أقحوان
papavero (m)	el χoʃχāʃ (f)	الخشخاش
canapa (f)	qanb (m)	قنب
menta (f)	neʿnāʿ (m)	نعناع
mughetto (m)	zanbaq el wādy (f)	زنبق الوادي
bucaneve (m)	zahrat el laban (f)	زهرة اللبن
ortica (f)	'arrāṣ (m)	قرّاص
acetosa (f)	ḥammāḍ bostāny (m)	حمّاض بستاني
ninfea (f)	niloferiya (f)	نيلوفرية
felce (f)	sarχas (m)	سرخس
lichene (m)	aʃna (f)	أشنة
serra (f)	ṣoba (f)	صوبة
prato (m) erboso	ʿoʃb aχḍar (m)	عشب أخضر
aiuola (f)	geneynet zohūr (f)	جنينة زهور
pianta (f)	nabāt (m)	نبات
erba (f)	ʿoʃb (m)	عشب
filo (m) d'erba	ʿoʃba (f)	عشبة

foglia (f)	wara'a (f)	ورقة
petalo (m)	wara'et el zahra (f)	ورقة الزهرة
stelo (m)	sāq (f)	ساق
tubero (m)	darna (f)	درنة
germoglio (m)	nabta saɣīra (f)	نبتة صغيرة
spina (f)	ʃawka (f)	شوكة
fiorire (vi)	fattaḥet	فتّحت
appassire (vi)	debel	ذبل
odore (m), profumo (m)	rīḥa (f)	ريحة
tagliare (~ i fiori)	'aṭa'	قطع
cogliere (vt)	'aṭaf	قطف

98. Cereali, granaglie

grano (m)	ḥobūb (pl)	حبوب
cereali (m pl)	maḥaṣīl el ḥubūb (pl)	محاصيل الحبوب
spiga (f)	sonbola (f)	سنبلة
frumento (m)	'amḥ (m)	قمح
segale (f)	ʃelm mazrū' (m)	شيلم مزروع
avena (f)	ʃofān (m)	شوفان
miglio (m)	el deχn (m)	الدخن
orzo (m)	ʃe'īr (m)	شعير
mais (m)	dora (f)	ذرة
riso (m)	rozz (m)	رز
grano (m) saraceno	ḥanṭa soda' (f)	حنطة سوداء
pisello (m)	besella (f)	بسلّة
fagiolo (m)	faṣolya (f)	فاصوليا
soia (f)	fūl el ṣoya (m)	فول الصويا
lenticchie (f pl)	'ads (m)	عدس
fave (f pl)	fūl (m)	فول

PAESI

99. Paesi. Parte 1

Afghanistan (m)	afɣanistan (f)	أفغانستان
Albania (f)	albānia (f)	ألبانيا
Arabia Saudita (f)	el so'odiya (f)	السعوديّة
Argentina (f)	arʒantīn (f)	الأرجنتين
Armenia (f)	armīnia (f)	أرمينيا
Australia (f)	ostorālya (f)	أستراليا
Austria (f)	el nemsa (f)	النمسا
Azerbaigian (m)	azrabiʒān (m)	أذربيجان
Le Bahamas	gozor el bahāmas (pl)	جزر البهاماس
Bangladesh (m)	bangladeʃ (f)	بنجلاديش
Belgio (m)	balʒīka (f)	بلجيكا
Bielorussia (f)	belarūsia (f)	بيلاروسيا
Birmania (f)	myanmar (f)	ميانمار
Bolivia (f)	bolivia (f)	بوليفيا
Bosnia-Erzegovina (f)	el bosna wel harsek (f)	البوسنة والهرسك
Brasile (m)	el barazīl (f)	البرازيل
Bulgaria (f)	bolɣāria (f)	بلغاريا
Cambogia (f)	kambodya (f)	كمبوديا
Canada (m)	kanada (f)	كندا
Cile (m)	tʃīly (f)	تشيلي
Cina (f)	el ṣīn (f)	الصين
Cipro (m)	'obroṣ (f)	قبرص
Colombia (f)	kolombia (f)	كولومبيا
Corea (f) del Nord	korea el ʃamāliya (f)	كوريا الشماليّة
Corea (f) del Sud	korea el ganūbiya (f)	كوريا الجنوبيّة
Croazia (f)	kroātya (f)	كرواتيا
Cuba (f)	kūba (f)	كوبا
Danimarca (f)	el denmark (f)	الدنمارك
Ecuador (m)	el equador (f)	الإكوادور
Egitto (m)	maṣr (f)	مصر
Emirati (m pl) Arabi	el emārāt el 'arabiya el mottaḥeda (pl)	الإمارات العربية المتّحدة
Estonia (f)	estūnia (f)	إستونيا
Finlandia (f)	finlanda (f)	فنلّندا
Francia (f)	faransa (f)	فرنسا

100. Paesi. Parte 2

Georgia (f)	ʒorʒia (f)	جورجيا
Germania (f)	almānya (f)	ألمانيا
Ghana (m)	ɣana (f)	غانا

Giamaica (f)	ʒamayka (f)	جامايكا
Giappone (m)	el yabān (f)	اليابان
Giordania (f)	el ordon (m)	الأردن
Gran Bretagna (f)	briṭaniya el ʿozma (f)	بريطانيا العظمى
Grecia (f)	el yunān (f)	اليونان
Haiti (m)	haīti (f)	هايتي
India (f)	el hend (f)	الهند
Indonesia (f)	indonisya (f)	إندونيسيا
Inghilterra (f)	engeltera (f)	إنجلترا
Iran (m)	iran (f)	إيران
Iraq (m)	el ʿerāq (m)	العراق
Irlanda (f)	irelanda (f)	أيرلندا
Islanda (f)	ʾāyslanda (f)	آيسلندا
Israele (m)	israʾīl (f)	إسرائيل
Italia (f)	eṭālia (f)	إيطاليا
Kazakistan (m)	kazaχistān (f)	كازاخستان
Kenya (m)	kenya (f)	كينيا
Kirghizistan (m)	qirɣizestān (f)	قيرغيزستان
Kuwait (m)	el kuweyt (f)	الكويت
Laos (m)	laos (f)	لاوس
Lettonia (f)	latvia (f)	لاتفيا
Libano (m)	lebnān (f)	لبنان
Libia (f)	libya (f)	ليبيا
Liechtenstein (m)	liʃtenʃtayn (m)	ليشتنشتاين
Lituania (f)	litwānia (f)	ليتوانيا
Lussemburgo (m)	luksemburg (f)	لوكسمبورج
Macedonia (f)	maqdūnia (f)	مقدونيا
Madagascar (m)	madaɣaʃkar (f)	مدغشقر
Malesia (f)	malīzya (f)	ماليزيا
Malta (f)	malṭa (f)	مالطا
Marocco (m)	el maɣreb (m)	المغرب
Messico (m)	el maksīk (f)	المكسيك
Moldavia (f)	moldāvia (f)	مولدافيا
Monaco (m)	monako (f)	موناكو
Mongolia (f)	manɣūlia (f)	منغوليا
Montenegro (m)	el gabal el aswad (m)	الجبل الأسوّد
Namibia (f)	namibia (f)	ناميبيا
Nepal (m)	nebāl (f)	نيبال
Norvegia (f)	el nerwīg (f)	النرويج
Nuova Zelanda (f)	nyu zelanda (f)	نيوزيلندا

101. Paesi. Parte 3

Paesi Bassi (m pl)	holanda (f)	هولندا
Pakistan (m)	bakistān (f)	باكستان
Palestina (f)	felesṭīn (f)	فلسطين
Panama (m)	banama (f)	بنما
Paraguay (m)	baraguay (f)	باراجواي
Perù (m)	beru (f)	بيرو

Polinesia (f) Francese	bolenezia el faransiya (f)	بولينزيا الفرنسيّة
Polonia (f)	bolanda (f)	بولّندا
Portogallo (f)	el bortoɣāl (f)	البرتغال
Repubblica (f) Ceca	gomhoriya el tʃīk (f)	جمهورية التشيك
Repubblica (f) Dominicana	gomhoriya el dominikan (f)	جمهوريّة الدومينيكان
Repubblica (f) Sudafricana	afreqia el ganūbiya (f)	أفريقيا الجنوبيّة
Romania (f)	romānia (f)	رومانيا
Russia (f)	rūsya (f)	روسيا
Scozia (f)	oskotlanda (f)	اسكتّلندا
Senegal (m)	el senɣāl (f)	السنغال
Serbia (f)	ṣerbia (f)	صربيا
Siria (f)	soria (f)	سوريا
Slovacchia (f)	slovākia (f)	سلوفاكيا
Slovenia (f)	slovenia (f)	سلوفينيا
Spagna (f)	asbānya (f)	إسبانيا
Stati (m pl) Uniti d'America	el welayāt el mottaḥda el amrīkiya (pl)	الولايات المتّحدة الأمريكيّة
Suriname (m)	surinam (f)	سورينام
Svezia (f)	el sweyd (f)	السويد
Svizzera (f)	swesra (f)	سويسرا
Tagikistan (m)	ṭaʒīkistan (f)	طاجيكستان
Tailandia (f)	tayland (f)	تايلاند
Taiwan (m)	taywān (f)	تايوان
Tanzania (f)	tanznia (f)	تنزانيا
Tasmania (f)	tasmania (f)	تاسمانيا
Tunisia (f)	tunis (f)	تونس
Turchia (f)	turkia (f)	تركيا
Turkmenistan (m)	turkmānistān (f)	تركمانستان
Ucraina (f)	okrānia (f)	أوكرانيا
Ungheria (f)	el magar (f)	المجر
Uruguay (m)	uruguay (f)	أوروجواي
Uzbekistan (m)	uzbakistān (f)	أوزبكستان
Vaticano (m)	el vatikān (m)	الفاتيكان
Venezuela (f)	venzweyla (f)	فنزويلا
Vietnam (m)	vietnām (f)	فيتنام
Zanzibar	zanʒibār (f)	زنجبار

www.ingramcontent.com/pod-product-compliance
Lightning Source LLC
Chambersburg PA
CBHW070823050426
42452CB00011B/2160

T&P BOOKS

ARABO
VOCABOLARIO

PER STUDIO AUTODIDATTICO

ITALIANO-ARABO

Le parole più utili
Per ampliare il proprio lessico e affinare
le proprie abilità linguistiche

3000 parole

Vocabolario Italiano-Arabo egiziano per studio autodidattico - 3000 parole

Di Andrey Taranov

I vocabolari T&P Books si propongono come strumento di aiuto per apprendere, memorizzare e revisionare l'uso di termini stranieri. Il dizionario si divide in vari argomenti che includono la maggior parte delle attività quotidiane, tra cui affari, scienza, cultura, ecc.

Il processo di apprendimento delle parole attraverso i dizionari divisi in liste tematiche della collana T&P Books offre i seguenti vantaggi:

- Le fonti d'informazione correttamente raggruppate garantiscono un buon risultato nella memorizzazione delle parole
- La possibilità di memorizzare gruppi di parole con la stessa radice (piuttosto che memorizzarle separatamente)
- Piccoli gruppi di parole facilitano il processo di apprendimento per associazione, utile al potenziamento lessicale
- Il livello di conoscenza della lingua può essere valutato attraverso il numero di parole apprese

T&P Books Publishing
www.tpbooks.com

ISBN: 978-1-78716-753-7

Questo libro è disponibile anche in formato e-book.
Visitate il sito www.tpbooks.com o le principali librerie online.